VADIM TSCHENZE

Das Engel-Alphabet

GOLDMANN

Buch

Das Engel-Alphabet ist eine seit Jahrhunderten überlieferte Zeichenlehre. Jedes Zeichen ist mehrfarbig gestaltet, birgt eine schützende Frequenz und unterstützt uns darin, mit den Engeln in Kontakt zu treten. Sie helfen uns, Wünsche zu benennen, uns vor negativen Einflüssen zu schützen oder unsere Genesung gezielt zu unterstützen. Vadim Tschenze enthüllt erstmals das Geheimnis, wie wir mit Engeln kommunizieren können. Detaillierte Anleitungen zu Farben, Formen und allen Buchstaben erklären die Handhabung. Über 300 Themenkarten bieten schnelle Hilfe im Alltag, um die heilende Unterstützung der Engel zu erfahren.

Autor

Vadim Tschenze, geb. 1973 in Usbekistan, lebt und arbeitet am Bodensee in der Schweiz. Sein spirituelles Wissen über die Parapsychologie, Naturheilkunde und Spiritualität ist ein Familienerbe, denn seit vielen Generationen arbeitet seine Familie in den Bereichen Heilung und spirituelle Beratung. Er leitet die Vadim-Tschenze-Akademie für Geistheilen, Schamanismus und Medialität und ist Autor zahlreicher erfolgreicher Bücher.

Vadim Tschenze

DAS ENGEL ALPHABET

Die geheime Sprache der himmlischen Wesen für Schutz und Heilung

GOLDMANN

MIX
Papier | Fördert gute Waldnutzung
FSC® C004378
FSC www.fsc.org

Penguin Random House Verlagsgruppe FSC® N001967

3. Auflage
Originalausgabe November 2020

Umschlaggestaltung: UNO Werbeagentur, München
Umschlagmotive: FinePic®, München
Lektorat: Ingrid Lenz-Aktaş
JG · Herstellung: cb
Satz: Satzwerk Huber, Germering
Druck und Bindung: PBtisk, a.s., Příbram
Printed in the Czech Republic
ISBN 978-3-442-22291-9

www.goldmann-verlag.de

INHALT

VORWORT

Ich bin ich – Du bist Du.
Ich sehe Licht – Du siehst es nicht, warum?
Ich bin ich – ich bin Licht.
Du bist ich und Du bist Licht.
Ich bin die Sonne, Du bist der Mond.
Ich kann schreien, Du kannst weinen.
Wir sind Gold-Silber-Planet Erde in einem.
Es gibt keine Zeit – Zeit sind wir.
Wir sind das Licht, das Wunder geschieht.
Ich bin die Zeit und Du bist das Licht.
Wir sind nicht allein in diesem Gedicht.
Ich halte in den Händen
die Seele der Erde,
bedeckt mit Schlamm des Endes
und menschlichen Herzen.
Durch Tränen und das Denken
bereinige die Perle.
Versuch sie einzurenken
ins Herz der Erde.
Sie wird zu einem Feuer
und wächst schnell ungeheuerlich.
Du erntest Energie und Strahl,
so wirst Du frei auf einmal.

Vadim Tschenze

Liebe Leserinnen und Leser,

ich beschäftige mich mit dem Thema Engel eigentlich schon seit meiner Kindheit. Ich spüre ihre Anwesenheit und auch ihre Aufmerksamkeit in jeder Sekunde meines Lebens. Zum Teil liegt es an meiner Herkunft und meiner Erziehung, dass ich einen Bezug zu diesen geheimnisvollen Wesen habe. Ich komme aus Russland. Bei uns geht man mit den Themen Jenseits und Engel ziemlich offen um. Engel gehören zum Alltag. Man ehrt sie mit Gebeten, fragt sie täglich nach einem Ratschlag und pflanzt für sie Blumen und Kräuter als Dank. In vielen Häusern findet man sogar Altäre für die Engel. In vielen Kulturen ist das anders. Überall merken Menschen jedoch, dass dieses Thema immer mehr an Bedeutung gewinnt. So habe ich mich entschlossen, dieses Buch über die schützende Kraft der Engel und ihre Zeichen und Symbole zu schreiben und mein altes, bislang geheimes Familienwissen an Sie weiterzugeben.

In jeder Generation meiner Familie gab es eine spirituell besonders begabte Person. So fanden meine Urgroßmutter Anastasia, eine Kräuterfrau, und ihre Tochter Walja, eine bekannte Heilerin in Russland und meine Lehrerin, Unterstützung durch Engelweisheiten und heilige Bilder. Sie arbeiteten mit Ikonen und mit dem Engel-Alphabet. Sie zeichneten die Engelzeichen auf selbst gemachtes Papier, schnitten die Teile aus und klebten sie auf kleine Kärtchen auf. Diese Zeichen dienten dem Glück und der Genesung der Seele und des Körpers. Nun ist die Zeit reif, dass jeder Mensch erfährt, wie dieses geheime Wissen funktioniert. In diesem Buch erfahren Sie alles über das Engel-Alphabet, über die Arbeit mit Engelzeichen und wie und wann man sie anwendet. Ich offenbare Ihnen diese Geheimnisse, damit auch Sie die Kraft der Engelzeichen in Ihrem Alltag nutzen können.

Ihr Vadim Tschenze

DANK

Die Liebe zum Engel-Alphabet hat mir meine Familie beigebracht. Ich staunte schon als Kind, wenn ich sah, wie meine Urgroßmutter Anastasia und ihre Tochter, meine Großmutter Baba Walja, Engelzeichen anfertigten, um sie Bedürftigen zu geben. Deshalb bedanke ich mich bei meiner Familie, dass sie mir die Liebe zu den Engeln beigebracht hat. Und ich bedanke mich beim Universum und meinen Engeln für alles, was sie mir gegeben haben.

Kapitel 1

WAS SIND ENGEL?

Das Wesen der Engel

Was oder wer sind Engel? Diese Lichtwesen finden sich schon in den ältesten Büchern der Welt. Wir lesen über sie, wir können sie auch oft spüren. Doch was sind Engel nun? Lichtwesen, die uns begleiten? Die Seelen unserer verstorbenen Ahnen? Eine außerirdische Zivilisation?

Um ihr Wesen zu definieren, ist ein Blick auf die Herkunft des Wortes hilfreich: Engel bedeutet »Bote« (von Altgriechisch *ángelos)*. Sie sind also »Botschafter« zwischen verschiedenen Welten oder Dimensionen. Dem Kosmos zufolge sind sie die Botschafter zwischen Erde und Himmel. Wenn die Menschen ihrem Rat folgen, schützen die Engel sie und unterstützen alle wichtigen Vorhaben.

Jedes Lebewesen dieser Erde hat Engel an seiner Seite. Wir haben sogar mehrere Engel gleichzeitig um uns herum. Das können Erzengel, Namensengel, Chi-Engel oder auch unsere Ahnen sein. Sie unterstützen uns und unsere Handlungen, sie lehren uns zu leben und zu lieben, wichtige Entscheidungen zu treffen und uns spirituell zu entwickeln. Sie geben uns Kraft, um alle Situationen in unserem Dasein zu meistern. Engel haben einen direkten Kontakt zu jeder Seele dieses Planeten und können ihre Impulse in unser Leben senden. Engel lassen uns nie im Stich. Wir Menschen verstehen ihre Botschaften leider nicht immer, aber trotzdem sind sie da und unterstützen uns in unserem Tun. Sie passen auf uns auf und begleiten uns im irdischen Dasein.

Da unsere Welt nicht nur materiell ist, sondern einen energetischen Hintergrund hat, muss sie energetisch gepflegt werden. Engel kümmern sich um diese energetische Welt, in der unsere Gefühle, unser Wissen und unsere Wünsche und Gedanken – anders gesagt, unser Geist und unsere Seele – leben. Engel begleiten uns in dieser energetischen Welt und unterstützen unseren Geist und unsere Seele durch ihre eigenen Energien.

Jeder von uns hat bestimmt schon einmal Engel gespürt. Wer kennt das nicht? Wir haben etwas vor und entscheiden uns dann kurzfristig doch dagegen. Weshalb auch immer, wir vertagen das Geplante. Bald stellen wir fest: Hätten wir an unserem ursprünglichen Plan festgehalten, würde er Konsequenzen nach sich ziehen. Wer oder was hat uns davon abgehalten? Vielleicht nennen wir es Energie, Intuition oder Gespür. Meistens sind es jedoch Engel, die uns von falschen Handlungen abhalten und vor unangenehmen Dingen schützen. Warum sie das tun? Weil sie uns bedingungslos lieben und begleiten. Sie sind wie Eltern, die auf ihre Kinder aufpassen. Engel sehen Menschen, Tiere und Pflanzen als ihre Kinder an, die nicht immer korrekt handeln und durch verschiedene Prozesse reifen. Wenn Ihre Kinder etwas tun, das Ihnen nicht gefällt, versuchen Sie sie schließlich auch aufzuklären, zu schützen und zu unterstützen. So auch die Engel: Sie helfen uns in schwierigen Momenten, auch wenn wir Fehler machen. Fehler zu machen ist schließlich menschlich.

Mich begleiten Engelbotschaften schon lange. Meine Engel übermittelten mir viele Ideen, die ich mittlerweile umsetzen konnte. Denn wer seinen Schutzengeln glaubt und ihre Hilfe annimmt, erreicht seine Ziele schneller und problemloser. Ich bin sehr dankbar, dass Engel mich unterstützen und mich führen. Während der Arbeit an diesem Buch begegneten mir mehrmals Engel. Ich schrieb dieses Buch sogar auf den Rat der geistigen Welt hin!

Oft unterstützen mich die Engel aber auch ganz konkret in meinem Alltag. Einmal spürte ich sie an meiner Seite, als ich Pyramiden der Mayas in Mexiko besuchte. Ich stand vor einer Pyramide in Cobá und staunte – ein Lichtbrechen kam vom Himmel direkt zu mir. Davor hatte ich Bedenken, ob ich die Pyramide tatsächlich besteigen sollte. Die Stufen der Pyramide sind sehr glatt, und deshalb ereignen sich dort oft Unfälle. Doch nun spürte ich plötzlich eine innere Ruhe und begann den Aufstieg. Ich war vollkommen gelassen und kam ohne Probleme ganz nach oben.

Eine andere Begegnung mit einem Engel erlebte ich sogar visuell in der Berliner U-Bahn: Ich stieg aus der Bahn aus und ging Richtung Ausgangstreppe. Sie befand sich um die Ecke. Doch dann sah ich etwas »Nebliges« in der Luft, bevor ich um die Ecke bog. Ich blieb eine Sekunde stehen. Die Zugtür schloss sich schon, und in dem Moment rannten zwei Menschen von der Treppe zur Bahn. Hätte ich noch einen Schritt gemacht, wäre ich von den beiden überrannt worden. War es ein Engel, der mich zurückgehalten hat? Das sind nur zwei Beispiele, auch sonst passieren mir solche Begegnungen sehr oft, sie gehören zu meinem Leben.

Auch Sie leben mit Engeln zusammen, die Sie lieben. Doch sehen Sie sie nicht immer. Engel geben Ihnen tagtäglich Ratschläge, sie schenken Ihnen Kraft, um weiterzumachen, und spenden viel Liebe. Entscheiden müssen Sie jedoch selbst, ob Sie diese Ratschläge annehmen und befolgen wollen. Manchmal stoppen sie Sie, bevor Sie über die Straße laufen, und Sie sagen dann: »Mein Schutzengel hat mich gewarnt.« Engel sorgen bisweilen auch dafür, dass Sie sich verspäten – zunächst ärgern Sie sich, stellen jedoch anschließend fest, dass es gut war. Engel trösten Sie und beruhigen Sie in schwierigen Momenten des Daseins und in Trauerphasen. Ihr

Schutzengel hilft Ihnen, wenn Sie Angst, Sorgen, Trauer, Liebeskummer oder andere Probleme haben. Engel helfen in Fragen zu Liebe, Beruf, Gesundheit, Spiritualität, Meditation, Geld und Erfolg.

Ich möchte Ihnen Mut machen, näher mit Engeln in Kontakt zu treten, denn sie werden Ihr Leben ungemein bereichern, sobald Sie sich mit ihnen beschäftigen. Sie unterstützen und führen Sie, sodass Sie immer den richtigen Weg finden oder auf dem richtigen Weg bleiben.

Grundsätzlich kann jeder Mensch Kontakt zu seinem eigenen Schutzengel herstellen. Engelzeichen können als Leitfaden für die Kontaktaufnahme zu den himmlischen Wesen genutzt werden. Diese Kontaktaufnahme wird erleichtert, wenn man mit Schwingungen arbeitet. Die Zeichen des Engel-Alphabets stellen solch eine Schwingung dar, mit der man bestimmte Energien anziehen kann.

Engel sind helle, wunderbare Schwingungen, die sich besonders schnell ausbreiten. Und sie können mit uns durch Berührungen und Zeichen kommunizieren. Sie bringen uns unsichtbare Energien und Impulse auch durch ihr eigenes Alphabet. Diese Kommunikationsmöglichkeit ist uralt und existiert seit jeher in unseren Seelen. Sie basiert auf geometrischen Formen, die uns neue Impulse bringen. Denn so wie wir Menschen haben auch die Engel ein Alphabet. Ich nenne es »Engel-Alphabet«.

Die Engelzeichen werden den Buchstaben unserer Sprache zugeordnet. Jedes Zeichen bringt eine schützende Frequenz. Zusätzlich gibt es Zeichen für verschiedene Themen, die man täglich nutzen kann. Wer mit diesem Alphabet arbeitet, merkt schnell, dass er Engel ansprechen kann und auch verstanden wird. Sie werden das spüren, wenn Sie mit diesem Buch arbeiten, denn die hier enthaltenen Zeichen werden Ihre Sinne für Engel und den Empfang der Engelfrequenz aktivieren.

Durch die Arbeit mit dem Engel-Alphabet werden Sie verschiedene Botschaften erhalten, die Sie enorm unterstützen können. Engel sind Energien, die Sie schützen. Sie müssen nur versuchen, sie zu finden, zu erkennen, zuzulassen und zu verstehen.

Die drei wichtigsten Engel, mit denen wir jeden Tag kommunizieren können, sind der Engel der Liebe, der Engel des Lichts und der Engel der Heilung.

Den Engel der Liebe können Sie um Hilfe bitten, wenn Sie Probleme mit Ihren Mitmenschen haben, wenn Sie sich einsam fühlen oder wenn es Ihnen schwerfällt, auf andere Menschen zuzugehen. Auch bei Problemen mit dem Partner oder wenn Sie negative Gefühle wie Neid, Angst, Hass und Misstrauen ablegen möchten, hilft er Ihnen.

Der Engel des Lichts hilft bei Depressionen, Ängsten und Alltagssorgen. Er löst negative Gedanken sowie festgefahrene Denkmuster auf und verbessert Ihre Ausstrahlung. So können Sie auch anderen Menschen mehr Licht und Klarheit schenken.

Der Engel der Heilung hilft Ihnen, Ihre Seele und Ihr Wesen zu heilen. Er unterstützt Sie in schweren Zeiten und begleitet Sie ständig und überall, wenn Sie das möchten.

Wenn Sie sich jetzt die Frage stellen, wie Sie konkret den Kontakt zu Engeln herstellen können, kann ich Sie beruhigen: Es ist ganz einfach, jeder kann das – und zwar mittels des Engel-Alphabets. Sie werden die Engel nicht mehr missen wollen, wenn Sie diese Erfahrung erst einmal gemacht haben. Zu wissen, dass immer jemand da ist, der auf einen aufpasst, ist wunderbar. Ihre Einstellung zum Leben wird sich ändern, Sie werden viel mehr auf Kleinigkeiten achten und freier leben.

Kontakte zu Engeln und zum Jenseits

Vor ein paar Jahren erhielt ich eine Anfrage der Zeitschrift *Leidfaden*, die sich mit Krisen, Leid und Trauer befasst. Ich freute mich sehr, darin aus ethnomedizinisch-schamanischer Sicht über das Thema »Jenseits und Engel« berichten zu dürfen. Es handelt sich nämlich um eine Zeitschrift, die in erster Linie Berichte aus der Feder von Akademikern, Professoren, Schulmedizinern und Psychologen enthält.

Kontakte zu Verstorbenen oder auch zu Engelwesen sind ein Thema, über das schon vor Hunderten von Jahren berichtet wurde. Solche Kontakte werden heute allerdings oft als Aberglaube abgetan. Doch wir haben beinahe jeden Tag mit unseren Ahnen, Engeln und Verstorbenen zu tun. Immer mehr Menschen berichten glaubwürdig davon, solche Kontakte zu haben, und immer mehr Menschen glauben daran. Für mich gehören sie zum Alltag.

Als Parapsychologe und Schamane arbeite ich seit über zwei Jahrzehnten täglich mit Menschen, die Hilfe gerade auch in derartigen Angelegenheiten suchen. Viele berichten mir von mystischen Erlebnissen, die sie mit niemandem aus ihrem Umfeld besprechen können. Aus Furcht, als unglaubwürdig abgestempelt zu werden, tragen diese Menschen das Erlebte in ihrer Seele. Solche Befürchtungen werden jedoch hoffentlich bald der Vergangenheit angehören, denn mittlerweile gibt es eine ganze Reihe von Quantenphysikern, vor allem aus dem russischen und deutschen Raum, die das Mystische für real halten und dessen Phänomene erforschen.

Ich möchte Ihnen einige Beispiele für sogenannte übersinnliche Phänomene aus meinem Leben geben, denn auch ich habe nicht immer an ein Leben nach dem Tod geglaubt – bis ich im Alter von zwölf Jahren in einen Unfall verwickelt war und kurzzeitig meinen Körper verlassen habe.

Mein erster Kontakt zu Verstorbenen war meine Urgroßmutter Anastasia. Als ich eines schönen Vormittags zu meiner Großmutter fuhr, sah ich auf einmal ein Licht von unheimlicher Schönheit. Ich war noch ein Kind und dachte nicht viel darüber nach, was es wohl darstellen könnte, aber seine Wärme ging mir durch und durch. Ich fühlte pure Liebe. »Die Urgroßmutter hat sich dir gezeigt«, meinte meine hellsichtige Großmutter Baba Walja dazu. Sie verstarb in hohem Alter, doch sie begleitet mich noch heute täglich und zeigt sich gern in meinen Träumen.

Als Jugendlicher besuchte ich meine Tante in Kasachstan, die dort ein großes Haus mit einem eigenartigen Eingang besaß: Man kam erst durch eine zweite, immer geschlossene Tür in den Korridor. Der Schwiegervater meiner Tante befand sich zu dieser Zeit im Krankenhaus. Eines Abends saßen alle um den Tisch, als jemand an die zweite, innere Haustür klopfte. Meine Tante öffnete sie, doch dahinter war niemand zu sehen. Schulterzuckend setzte sie sich wieder an den Tisch. Ich erinnere mich, dass ich auf die Uhr gesehen habe – es war genau 18:33 Uhr. Kurze Zeit später klopfte es erneut an der Innentür. Aber wieder war niemand zu sehen, als meine Tante nachsah. Sie wollte die Außentür nun abschließen, damit uns niemand mehr stören konnte; denn sie war überzeugt davon, dass die Nachbarskinder sich einen kleinen Scherz erlaubt hätten. Zu ihrem großen Erstaunen musste sie jedoch feststellen, dass die Außentür bereits abgesperrt war. Sie sagte leise flüsternd: »Ich spüre eine unangenehme Nachricht.« Einige Stunden später erhielt sie die Mitteilung, dass ihr Schwiegervater um 18:33 Uhr verstorben war. Dahingeschiedene können sich auf verschiedenste Weise von uns verabschieden.

Auch mein verstorbener Vater kontaktiert mich immer häufiger. Nach seinem Tod im Jahr 2008 stellten wir einem alten russischen Brauch entsprechend ein Glas Wodka zu seinen Ehren für vierzig Tage an sein Porträt. Traditionellerweise legt man auf das Glas eine Scheibe Brot, damit sich der Wodka nicht verflüchtigen kann. Danach werden das Glas mit dem Brot sowie das Foto weggeräumt. Man sagt, dass sich die Seele noch vierzig Tage lang auf der Erde aufhält und sich von uns verabschiedet. Eines Tages rief mich meine Mutter an und erzählte mit zitternder Stimme, dass sie in der Nacht auf einmal einen Druck auf dem ganzen Körper gespürt habe. Sie war davon überzeugt, dass mein verstorbener Vater sie in dieser Nacht besucht hatte. Am nächsten Tag entdeckte sie eine Bestätigung dafür, denn als sie wie gewöhnlich morgens eine Kerze neben dem Bild meines Vaters anzünden wollte, war das Wodkaglas fast leer.

Meine Großmutter Walja verabschiedete sich sogar mehrmals von mir, und ich spüre noch heute jeden Tag, dass sie mich als Schutzengel begleitet.

Den Alltag meistern durch Channeling

Die Begriffe »Channeling« und »channeln« kommen aus dem Englischen und bedeuten »sich anschließen« oder »kanalisieren«. Das Wort »Channel« heißt übersetzt »Kanal«. Man kann stattdessen jedoch auch das Wort »Medium« verwenden. Channeling ist also ein Kontakt nach oben, zum Universum und seinen Wesen. Mithilfe des Channeling können wir unser Leben durch Botschaften des Kosmos zum Positiven verändern und Geheimnisse der alten und neuen Zeiten erfahren. Seit ich zum ersten Mal channelte, gehören die Momente dieser Kontakte zu den Höhepunkten meines Lebens. Die Quelle schickt Botschaften von:

- Engeln,
- Ahnen und Verstorbenen,
- der geistigen Welt,
- der Akasha-Bibliothek,
- der göttlichen Kraft.

Die Quelle will den Menschen helfen und verlangt von ihnen nur eines – hinzuhören und ihre Wege zu finden.

Als ich begonnen habe, dieses Kapitel zu verfassen, channelte ich zunächst einmal und stellte dabei die Frage: »Wer seid ihr?« Die Antwort ließ nicht lange auf sich warten: »Die göttliche Quelle, der Urquell aller Dinge, deine Schutzengel und Ahnen – wir alle wollen, dass du dieses Buch schreibst. Du bekommst Informationen, die nicht jedem die Augen öffnen werden, sondern nur den Menschen, die so weit sind und die ihr Leben zum Positiven wenden wollen. Das ist jedoch ein großer Teil der Lichtwesen, die den Planeten retten können. Für die, die dafür bereit sind, die Welt mit offenen Augen zu sehen, werden diese Informationen Gold wert sein. Für die, die ihre Seele stärken und Liebe erfahren möchten, sind diese Weisheiten unbezahlbar.«

Lassen Sie mich Ihnen also nun die Geheimnisse des Engel-Alphabets enthüllen.

Kapitel 2

ZEICHEN DER WELT

Zeichen sind so alt wie die Menschheit selbst. Dass verschiedene Zeichen unser Leben und unseren seelischen sowie körperlichen Zustand beeinflussen, entdeckte auch Erich Körbler in den 1980er-Jahren. Der Entwickler der Körbler'schen Methode der Zeichen-Homöopathie nannte das Verfahren »Neue Homöopathie«. Er erhielt in verschiedenen Staaten hohe Auszeichnungen. Heute wenden viele Ganzheitsmediziner und Heiler sein Wissen an. Die Arbeit Körblers basiert darauf, dass es in unserem Körper mehrere Schaltstellen gibt, die »Chakras«, die mit den Drüsen und dem Gehirn verbunden sind. Mit bestimmten Symbolen oder Heilzeichen, die an der richtigen Stelle angebracht werden, kann man Veränderungen im Energiefluss des Körpers erreichen und eine Heilung hervorrufen. So kann der Informationsgehalt, der von einer gestörten oder schmerzenden Körperstelle ausgeht, durch ein Heilzeichen, das wie eine Antenne wirkt, verändert werden. Körbler verwendete in seiner Arbeit Wellenformen und Linien (Striche), das Y und das Kreuz (Pluszeichen). Wellenformen und Striche sollen eine auflösende Wirkung zeigen. Das Y gilt als Verstärkungssymbol, und Kreuze dienen der Abschirmung.

Zeichen sind nicht nur Symbole, sondern Frequenzen und Energiebringer; sie sind »Antennen«, die die kosmischen Kräfte auf die

Erde lenken. Durch sie können wir wirksame Energien empfangen und dann mit diesem Energiepotenzial arbeiten. Zeichen sind auch in der Lage, Negativität abzuleiten, was schon unsere Vorfahren entdeckten. Zeichen gehören damit zum alten Wissen der früheren Zivilisationen auf der Erde. Auch die älteste Zivilisation der Erde – die der Atlanten – nutzte die Tatsache, dass verschiedene Zeichen Informationen und Energien bringen. Sie arbeiteten mit Zeichen und verwendeten verschiedene Formen davon in ihrem Alltag. Noch heute nutzen Schamanen auf der ganzen Welt verschiedene Zeichen bei ihren Ritualen, um gute Geister herbeizurufen. Und die allermeisten Kulturen der Welt entwickelten auch Schriftzeichen.

Zeichen sind wie ein Code, der das größte Computersystem der Welt – das Universum – programmieren kann. Im Leben der Inkas, Mayas, Slawen und Germanen spielte die Verwendung verschiedener Symbole eine große Rolle. Sie wussten um die geheime Kraft der Symbole, die auf die Seele und den Körper übertragen werden kann. Es ist also nicht verwunderlich, dass auch Engel Zeichen verwenden, um mit uns Menschen zu kommunizieren. Die Zeichenlehre ist komplex, jedoch leicht erlernbar. Auch Sie werden es schaffen, wenn Sie sich dieses Buch zu Herzen nehmen. Nicht umsonst gelangte es in Ihre Hände – es gibt keine Zufälle!

Die Bedeutung der Zeichen

Zeichen begleiten uns tagtäglich. Wir sehen sie jede Sekunde unseres Lebens, beispielsweise Kreuze: Täglich fahren oder laufen wir über Kreuzungen, wir tragen möglicherweise ein Kreuz zum Schutz um den Hals oder kreuzen intuitiv unsere Beine im Liegen. Ist das nur Zufall? Nein, denn das Kreuzzeichen ermöglicht uns den energetischen Ausgleich.

Oder denken Sie an einen Kreis – an der Ampel, am Auto als Rad und täglich auf dem Tisch als Teller. Auch Quadrate, Ovale und andere Symbole begleiten uns im Leben. Wir sollten allerdings ihre Bedeutung und ihren Nutzen kennen.

Folgende Symbole benutzt man seit dem Altertum:

- Kreis,
- Oval,
- Quadrat,
- Würfel,
- Pyramide (Tetraeder),
- Kreuz,
- Spirale,
- Herzform,
- Zylinder,
- Oktaeder (Doppelpyramide),
- Pentagramm (fünfzackiger Stern),
- Dodekaeder (»Fünfeck-Zwölfflächner«),
- Oktogon (Achteck),
- liegende Acht (das Unendlichkeitszeichen),
- Ikosaeder (»Dreieck-Zwanzigflächner«),
- Tropfenform.

Fast alle diese Zeichen findet man auch im Engel-Alphabet.

Kreis (auch Kugel), Oval und Spirale sind die wichtigsten Zeichen. Sie sammeln Energie an und repräsentieren die Tatsache, dass jegliche Veränderung möglich ist.

Es gibt mehrere kosmische Gesetze, die bei der Entstehung des Universums eine große Rolle gespielt haben und noch heute unser Dasein prägen. Beim Urknall, als sich unsere Galaxie ausbildete, entstand eine Menge von Sternen und Planeten, die miteinander durch energetische Felder verbunden wurden. Das »Chaos« der Sternenansammlungen ist kein Chaos, sondern eine geordnete Ansammlung meist runder oder ovaler Formen. Alles ist oval-, spiral- oder kreisförmig strukturiert. Betrachtet man die Natur, so sieht man viele runde oder ovale Dinge: ein Samenkorn, den Kosmos, unsere Augen, unser Gesicht, ein Ei, unsere Aura usw. Diese Formen sind die Ursprungsformen der Welt. Nicht umsonst hat die Menschheit diese Formen in ihr Leben integriert – u.a. auch in Form von (Schutz-)Amuletten.

Quadrat, Würfel, Kreuz, Pyramide (Tetraeder), Dreieck sowie das Herz stehen für Kommunikation und Schutz.

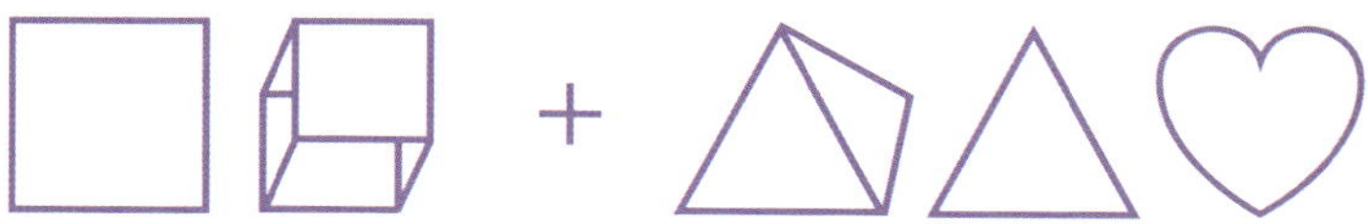

Würfel sind die bekanntesten geometrischen Körper. In der Architektur bilden sie eine stabile Basis. Ein Würfel ist ein gigantisches Werkzeug, das die heilige Zahl 12 symbolisiert. Würfel schützen und stabilisieren alles. Das Quadrat steht wie jedes andere Viereck für Schutz und Abgrenzung. Das Kreuz steht für Absicherung. Dreiecke und Pyramiden (Tetraeder) sind ebenso wie das Herz Symbole für Sprache und Kommunikation. Sie stehen **für** den Austausch zwischen dem Menschen und der Natur. Die Pyramide ist die einzige dreidimensionale Form, deren Ecken dieselbe Distanz voneinander haben. Sie ist stabil, sammelt Energie und schützt dadurch unser Leben.

Zylinder, Oktaeder und Stern bringen Bewegung.

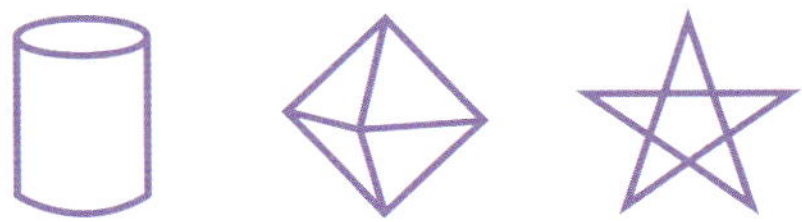

Diese drei Zeichen bedeuten Erneuerung. Ein Zylinder ist wie ein Kanal, der Energie bringt, der Stern (Pentagramm) sowie ein Oktaeder stehen für Erkenntnis über den Menschen selbst.

Dodekaeder und Achtecke (Oktogon) sind Schutzzeichen für den Alltag.

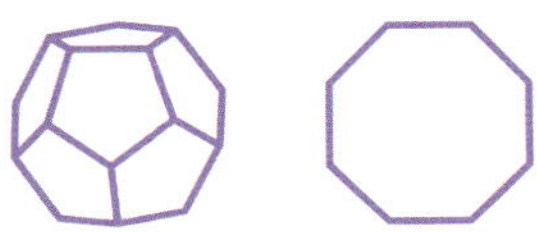

Beide Zeichen dienen der Abgrenzung von der Umgebung und setzen anderen Grenzen.

Die liegende Acht, der Ikosaeder und die Tropfenform gleichen aus und leiten negative Energie ab.

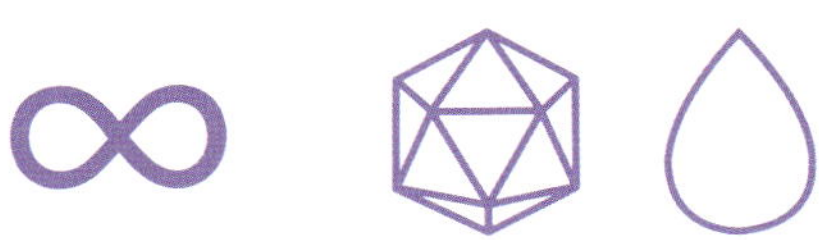

Diese drei Zeichen stehen für die goldene Mitte.

Kapitel 3

DIE ZEICHEN DES ENGEL-ALPHABETS

Das Engel-Alphabet ist eine uralte Zeichenlehre für Schutz, Reinigung und Seelenreifung. Sie ist heute so aktuell wie nie zuvor und von jedem Menschen nutzbar. Denn eines ist sicher: Engel gaben uns Menschen die Möglichkeit, mit ihren Zeichen zu arbeiten, damit wir ihnen näherkommen. Sie lehren uns, mit der Energie umzugehen, und verbinden uns mit der Kraft vergangener Zeiten und alter Zivilisationen. Die Zeichen, die unter anderem aus geometrischen Formen bestehen, sind heute genauso wirksam wie damals.

Im Engel-Alphabet finden Sie neben den Zeichen für Schutz und Reinigung auch einige Zeichen für die Genesung, die Sie täglich verwenden können. Diese Frequenzen können Ihr Vitalitätsbild verbessern. Es sind Frequenzen, die uns fehlen. Durch Verwendung des Alphabets können wir diese fehlenden Frequenzen auftanken.

Wir können die Zeichen des Engel-Alphabets auch nutzen, um unseren eigenen Weg zu finden und glücklich zu sein. Zum wichtigen Lebensthema Liebe gibt es ebenfalls einige Zeichen. Mit ihrer Hilfe gelingt es, Liebe zu aktivieren. Andere Zeichen helfen dabei, unsere Ziele und Aufgaben zu erkennen. Ich selbst habe so meine beruflichen Wege finden und gehen können. Im Engel-Alphabet gibt es auch Zeichen gegen Kummer, die auf energetischer Ebene sehr gut funktionieren. Die geistige Welt wird Sie auch unterstützen, wenn es darum geht, besser im Leben zurechtzukommen, oder wenn Sie Ihre Einstellungen verändern wollen. Und auch wenn Engel nicht verstehen, was Geld ist, weil es in ihrer Welt weder Zeit noch Geld gibt, erkennen sie die Worte Fülle und Absicherung. Sie können sich deshalb zu diesen Themen Engelzeichen aus dem Alphabet aussuchen und mit ihnen arbeiten, wenn Sie sich mit Finanzdingen beschäftigen. Durch das Engel-Alphabet können Sie auch lernen loszulassen. So werden selbst alte Beleidigungen überwunden, was die Lebensqualität nachhaltig verbessert. Zu guter Letzt enthält das Alphabet der Engel mehrere Zeichen, die auf geistiger Ebene Heilung bringen.

Engelzeichen helfen

- bei Problemen mit Mitmenschen oder dem Partner,
- bei Einsamkeit,
- dabei, auf andere zuzugehen,
- dabei, negative Gefühle abzulegen,
- in Situationen, die ausweglos erscheinen,
- bei der Suche nach der richtigen Entscheidung,
- dabei, alte Denkmuster aufzulösen,
- dabei, die eigene Ausstrahlung zu verbessern,
- bei der Kontaktaufnahme zu den Engeln,
- dabei, mehr Energie zu haben,
- bei der Suche nach Erfolg und Geld,
- dabei, Zweifel und Ängste abzulegen,
- bei Konflikten,
- dabei, mit sich selbst ins Gleichgewicht zu kommen,
- bei Überempfindlichkeit,
- bei Aggressivität,
- bei der Angst vor Kontrollverlust.

Alle Engelzeichen werden mehrfarbig gestaltet, denn Engel lieben Farben. Wir nehmen die Welt mit unseren Augen farbig wahr. Farben sind Frequenzen des Lichts, und jede Farbe hat eine eigene Schwingungsfrequenz. Werden gewisse Frequenzen oder Farben kombiniert, bewirken sie durch die sogenannte Lichtaufnahme in unserem Körper gewisse Veränderungen. Engelzeichen sind folglich farbige Bilder, die mit Frequenzen arbeiten und eine positive Schwingung im Menschen verstärken. Sie sind Nahrung für die Seele.

Wenn wir täglich mit diesen Frequenzen arbeiten, die Zeichen betrachten oder sie bei uns tragen, bekommen wir neue positive Impulse, die uns in unserem Alltag unterstützen. Die Schwingung eines Menschen verändert sich mit den Jahren, deshalb ziehen wir immer wieder verschiedene Personen und Situationen in unserem Leben an. Wir verändern unsere Schwingung auch durch unsere Gedanken und Taten. Ein Leiden ist eine Schwingung, die uns die Lebenskraft raubt. Man kann seine Schwingung beseitigen bzw. durch verschiedene Engelzeichen verändern.

Die Farben des Engel-Alphabets

Das Zusammenspiel der Symbole und Farben macht die Engelzeichen so wirksam. Widmen wir uns deshalb nun der Bedeutung der verschiedenen Farben des Engel-Alphabets.

Die Farbe Rot

Rot steht für mehr Energie und weckt die Spiritualität. Rot in einem Engelzeichen wirkt reinigend und bringt Liebe, Leidenschaft und Sieg. Diese Farbe symbolisiert den Bezug zum Erzengel Michael und wirkt sehr schnell. Sie steht für Energie und Aktivität. Rot wirkt zudem reinigend. Sie wird bei Trägheit und Energielosigkeit sowie bei andauernder Müdigkeit und großen morgendlichen Anlaufschwierigkeiten angewendet.

Die Farbe Orange
Orange wirkt aufbauend. In einem Engelzeichen symbolisiert es unsere Sonne und bringt so Wärme und innerliche Ruhe sowie Freude, Mut, Geld und Kapital. Orange steht für den Bezug zu Erzengel Uriel. Diese Farbe wirkt schnell und steht zudem für Klärung und Kraft. Sie verleiht sehr viel neue Energie und hilft gegen Angst.

Die Farbe Weiß (Creme)
Weiß und Creme stehen für die Reinigung der Seele und schenken Geduld. In einem Engelzeichen symbolisiert Weiß den Ausgleich und die Ausgewogenheit sowie Reinheit, Hoffnung, spirituelle Stärke und Schutz. Es steht für den Bezug zu Erzengel Gabriel.

Die Farbe Blau
Blau hilft loszulassen. In einem Engelzeichen steht Blau für spirituelle Entwicklung, Geduld, Schutz und Transformation. Diese Farbe symbolisiert den Bezug zu Engel Barachiel. Blau wirkt langsam, steht für Kommunikation und beruhigt. Die Farbe schenkt zudem Geduld und mindert Hektik.

Die Farbe Grün (Türkis)
Grün und Türkis stehen für Heilung und seelische Reinigung. In einem Engelzeichen symbolisieren diese Farben den Bezug zu Erzengel Raphael. Grün wirkt wie Türkis nicht besonders schnell. Die Farben stehen für Wachstum, Heilenergie, das Vermögen und die Gefühle. Sie stellen die Heilung dar, wirken reinigend und bringen neue Energien. Hellgrün steht für Arbeitsfreude.

Die Farbe Braun (Ocker)
Braun und Ocker dienen der Entspannung. In einem Engelzeichen symbolisiert die braune Farbe Mutter Erde, Freundschaft und Sicherheit. Sie steht zudem für den Bezug zu Engel Ariel. Diese Farbe wirkt homöopathisch. Sie symbolisiert Erdung.

Die Farbe Gold (Gelb)
Gold und Gelb wirken lebensbejahend, vermitteln Mut und aktivieren unsere Kräfte. In einem Engelzeichen symbolisiert Gold neue Ideen und Schutz, Vertrauen, Charme und Anziehung. Die Farbe steht für den Bezug zu Engel Verchiel. Gelb wirkt rasch und bringt Licht.

Die Farbe Violett (Lila)
Lila und Violett symbolisieren die Spiritualität und alle Erzengel. Diese Farben stehen für die Intuition und wirken sehr langsam.

Die Farbe Rosa (Hellrot)
Rosa und Hellrot symbolisieren Entspannung. Die Farben beziehen sich auf die Kraft des Wurzelchakras und auf die Seraphim.

Die Farbe Schwarz (Grau)
Schwarz symbolisiert Verankerung und Sicherheit und enthält alle Farben in sich. Diese Farbe steht für das Universum selbst.

Engelzeichen bestehen neben den Farben aus verschiedenen Formen und Figuren. Sie verbinden sich mit unseren Energiezentren (Chakras) und verleihen uns bzw. unseren Chakras:

- Lebenskraft (Wurzelchakra),
- Kreativität (Sakralchakra),
- Intuition/Klarheit (Solarplexus),
- Herzenergie (Herzchakra),
- Kommunikation (Kehlkopfchakra),
- Weisheit (Drittes Auge),
- Verbindung zur Schöpfung (Kronenchakra).

Hier noch einmal die Farben und Formen der Engelzeichen auf einen Blick:

Die Farben im Engel-Alphabet

Rot steht für mehr Energie und weckt Spiritualität.
Orange wirkt aufbauend.
Weiß/Creme steht für die Reinigung der Seele und bringt Geduld.
Blau hilft loszulassen.
Grün/Türkis steht für Heilung und seelische Reinigung.
Braun/Ocker dient der Entspannung.
Gold/Gelb wirkt lebensbejahend.
Violett/Lila steht für Intuition und die Spiritualität.
Rosa/Hellrot symbolisiert Entspannung.
Schwarz/Grau steht für das höhere Selbst.

Die Formen im Engel-Alphabet

Die liegende Acht leitet negative Energien ab und gleicht aus.
Ein Herz steht für Kommunikation und gibt kraftvolle Energie.
Ein Stern erneuert.
Ein Dreieck steht für Kommunikation und schenkt kraftvolle Energie.
Ein Kreis (Kugel) sammelt Energie.
Ein Oval sammelt Energie und schützt.
Ein Quadrat (Viereck) sichert ab und schützt.
Ein Würfel schützt und sammelt Energie.
Ein Zylinder erneuert.
Geschwungene Formen leiten negative Energien ab.
Symmetrische Formen grenzen von negativen Energien ab.

Die Buchstaben des Engel-Alphabets

Betrachten wir nun die Buchstaben des Engel-Alphabets und seine alten Zeichen im Einzelnen:

Zeichen 1
Der Buchstabe A

Das A ist der Anfangsbuchstabe des Alphabets. Es steht mit beiden Beinen auf dem Boden und symbolisiert göttliche Kraft und den Aufstieg. Das A sieht nicht umsonst wie eine kleine Treppe aus. Im Engel-Alphabet ähnelt das A einem fliegenden Vogel und ist ein Zeichen göttlicher Liebe sowie der Anbindung an das Universum. Als erster Buchstabe im Alphabet gilt das A als göttlicher Buchstabe. Es ist in Blau dargestellt, was mit dem Halschakra zu tun hat, das für Kommunikation und Austausch mit den Mitmenschen steht.

Zeichen 2
Der Buchstabe B

B steht für Hilfsbereitschaft. Dieser Buchstabe ähnelt einer Acht – und damit einem aufrecht stehenden Unendlichkeitszeichen (liegende Acht). Er bedeutet Ausgleich. Ein B steht auch für Herzlichkeit und Neuanfang. Aus diesem Grund ist das Zeichen in Grün gehalten, der Farbe des Herzchakras. Im Engel-Alphabet sieht das B aus wie der Neumond, der ein Herz empfängt. Das ist ein Symbol für Güte.

Zeichen 3

Der Buchstabe C

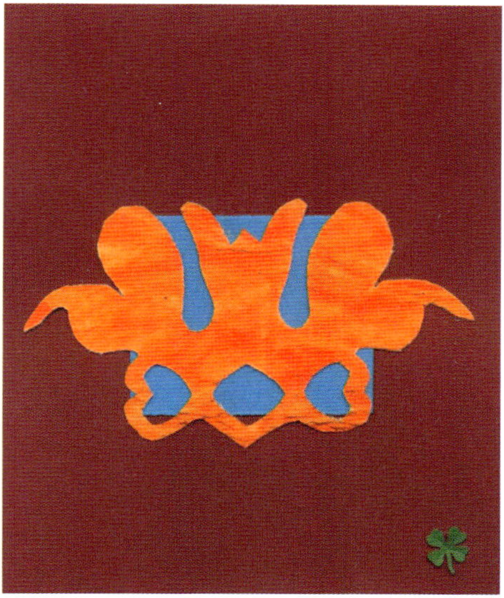

C steht für Humor und für Erfolg im Leben. Der Buchstabe ähnelt einer Wiege und deutet den Neumond an. Alles kann möglich werden, wenn man sich nur traut. Die Grundfarbe des Zeichens ist Dunkelrot. Sie steht für Sicherheit und Mut. Damit symbolisiert das Zeichen eine gute Erdung und Elan. Im Engel-Alphabet ähnelt das C einem von vorn betrachteten Schiff und steht für die Bewegung des Geistes. Wer sich bewegt, erreicht seine Ziele.

Zeichen 4
Der Buchstabe D

Das D steht für Aufgeschlossenheit und Sicherheit. Es ähnelt dem Segel eines Bootes und bedeutet Bewegung im Leben, Konzentration und Handeln. Dieses Zeichen bringt Sie voran. Seine braune Farbe korrespondiert mit Mutter Erde und sorgt für Sicherheit. Im Engel-Alphabet sieht das D aus wie ein Zaun um das Herz herum und symbolisiert den Schutz vor negativen Impulsen.

Zeichen 5
Der Buchstabe E

Beim E geht es um den Verstand und darum, dass etwas angenommen wird. Zudem steht das E für Intuition und Anpacken, Mut und Handeln. Wenn man den Buchstaben betrachtet, sieht man eine Art Gabel oder Antennen. Da Grün für das Herzchakra steht, sind damit die Antennen zum Universum gemeint. Im Engel-Alphabet ähnelt das E einem geschwungenen Herzen, das ein weiteres Herz in sich trägt. Der Buchstabe steht für das Fühlen und Entscheiden aus dem Herzen heraus.

Zeichen 6
Der Buchstabe F

Das F wird im Engel-Alphabet in Form einer Acht dargestellt. Es steht für große Erwartungen an das Leben und den Neuanfang. Dieses Zeichen ähnelt einer Frau mit großem Bauch. Im schamanischen Bereich steht der Bauch für Lebenskraft und Würde. Die Farbe Lila unterstützt die obersten Chakras und stärkt die Fähigkeit zur Meditation sowie das höhere Selbst.

Zeichen 7
Der Buchstabe G

Das G steht für Gerechtigkeit, das Reagieren sowie das Empfangen neuer Kraft. Zudem symbolisiert der Buchstabe G das Channeling, den Kontakt zur geistigen Welt und das Urvertrauen. Im Engel-Alphabet wird der Buchstabe in Gold dargestellt, was die Antennen nach oben aktiviert und für die goldene Aura steht.

Zeichen 8
Der Buchstabe H

H symbolisiert eine Steigerung und Zielsetzung. Der Buchstabe hat zwei Beine – wie eine Leiter. Im Engel-Alphabet wird das H mit einer geschwungenen Form dargestellt. Daher steht es symbolisch für Schwingung und Bewegung. Die graue Farbe bedeutet gleichzeitig Neutralität und Individualität.

Zeichen 9

Der Buchstabe I

Das I steht für Energieaufnahme, aber auch für Wankelmut, der immer wieder vorkommt. Der Buchstabe I sieht aus wie ein Strich in der Landschaft oder wie eine Antenne. Im Engel-Alphabet sieht das I ganz anders aus – eher wie eine Palme, die ihre Zweige und Früchte ausbreitet. Die schwarze Farbe des Zeichens stellt Erdung und Sicherheit dar.

Zeichen 10
Der Buchstabe J

J hat mit sensiblem, aber taktvollem Handeln zu tun. Schamanisch gesehen deutet der Buchstabe darauf hin, dass Ausgleich und Liebe im Leben wichtiger werden sollten. Die zwei Herzen und der Kreis versinnbildlichen zudem die Fokussierung auf das Hier und Jetzt. Die Farbe Lila unterstützt die obersten Chakras und den Kanal zu den Ahnen.

Zeichen 11
Der Buchstabe K

Das K symbolisiert Offenheit und gutes Gelingen. Es zählt zu den Buchstaben, die Stabilität bringen. Im Engel-Alphabet steht der rote Hintergrund für Erdung und Stabilität. Das Zeichen in Orange sieht wie eine Schneeflocke aus, die in Russland für gutes Gelingen und Glück steht. Schnee hat eine reinigende Wirkung auf die Seele.

Zeichen 12
Der Buchstabe L

Das L ist wie das A ein göttlicher Buchstabe. Er macht lebendig und agil. Die Form des Buchstaben erinnert an eine Sense. Sie steht für die Ernte. Im Engel-Alphabet sieht man im L jedoch eher eine Blume, die sich im Wasser spiegelt. Das ist als Symbol für die Spiegelgesetze zu verstehen: Was du pflanzt, wirst du ernten. Die rote Farbe des Zeichens steht für das Wurzelchakra und dadurch für eine stabile Lebenslage.

Zeichen 13
Der Buchstabe M

Das M steht sowohl für die Menschen als auch für das Denken. Wir sind denkende Wesen und sehr sprachbegabt. Das M im Engel-Alphabet unterscheidet sich sehr vom normalen Buchstaben: Es sieht aus wie eine Medusa oder ein Krebs, der uns umarmen will. Das M symbolisiert im Engel-Alphabet Zusammenhalt und Würde. Der schwarze Hintergrund steht für unser Sicherheitsdenken und das Loslassen.

Zeichen 14
Der Buchstabe N

Das N symbolisiert neue Wege und Neutralität. Im Engel-Alphabet steht der Buchstabe für Menschen, Zuhörer und Therapeuten. Das goldene Licht auf rotem Hintergrund versinnbildlicht das Aufwachen und die Vernunft.

Zeichen 15
Der Buchstabe O

Das O fokussiert Energie. Der Buchstabe symbolisiert auch die spirituelle Entwicklung. Die grüne Farbe steht für das Herzchakra und die Herzlichkeit anderen gegenüber. Im Engel-Alphabet sieht das O wie ein offenes Fenster aus, das einlädt hineinzuschauen. In diesem Fenster befindet sich ein Herz (Herzlichkeit) mit einem Kleeblatt (Erfolg) – das größte Glück, das man finden kann. Denn die größten Erfolge stellen sich erst dann ein, wenn man von ganzem Herzen daran glaubt.

Zeichen 16
Der Buchstabe P

Das P symbolisiert eine egozentrische Ader. Man weiß, was man will, und ist auf die Gegenwart fokussiert. Das Zeichen ist in Blau gehalten. Diese Farbe entspricht dem Halsbereich. Durch das Halschakra werden die Mitmenschen erreicht. Der Buchstabe steht zudem für Erfolg und Anerkennung. Das Kleeblatt steht für gutes Gelingen.

Zeichen 17

Buchstabe Q

Das Q ist ein harmonischer Buchstabe. Er ähnelt dem O und steht für eine charmante Art den Mitmenschen gegenüber. Wenn man das Zeichen aus dem Engel-Alphabet betrachtet, sieht man einen Menschen, der die ganze Welt umarmen möchte. Der Hintergrund der Karte ist in Türkis gehalten. Diese Farbe symbolisiert heilende Energien.

Zeichen 18
Der Buchstabe R

Das R steht für ein stabiles Leben und bildliche Vorstellungskraft. Es ist ein sehr stabiler Buchstabe, der einen meditativen Zustand und die Energieverteilung versinnbildlicht. Im Engel-Alphabet sieht der Buchstabe R wie eine geöffnete Blume aus. Diese symbolisiert den Geist. Die dunkelrote Farbe steht dabei für Erdung und Gelassenheit. Das Kleeblatt symbolisiert pures Glück.

Zeichen 19

Der Buchstabe S

Das S steht für Ausgleich und innere Ruhe. Der Buchstabe motiviert zum Weitermachen und steht für den Gefühlsmenschen. Die Grundfarbe Rosarot symbolisiert die Herzlichkeit und die Stabilität der Gefühle. Wenn man das Zeichen genau betrachtet, ähnelt es einem Raumschiff, das die Seele des Menschen beschützen will.

Zeichen 20
Der Buchstabe T

Das T ist ein Symbol für die goldene Mitte und ein ausgewogenes Kräfteverhältnis. Der Buchstabe steht auch für Mobilität und sieht wie eine Waage aus. Im Engel-Alphabet symbolisiert der Buchstabe T daher Ausgleich und Ausgewogenheit. Die grüne Farbe vertritt das Herzchakra und somit Gefühle und Emotionen.

Zeichen 21
Der Buchstabe U

Das U steht für das Empfangen – es ist oben offen wie ein Hufeisen. Daher symbolisiert der Buchstabe Esoterik und Spiritualität. Im Engel-Alphabet besteht das U aus geschwungenen Formen und ähnelt einem Musik-Notenschlüssel. Es ist ein Transformator von Energie. Die blaue Farbe steht für Kommunikation und Austausch. Das Kleeblatt symbolisiert im Engel-Alphabet stets Glück auf allen Ebenen, das Gefühl der Zugehörigkeit und das Wachstum der Seele.

Zeichen 22
Der Buchstabe V

Auch das V ist oben offen und symbolisiert daher den Kontakt nach außen oder nach oben. Der Buchstabe steht zudem für alles Mystische, Spirituelle und für die Magie. Die Farbe Lila vertritt die obersten Chakras und den Kontakt zum Universum.

Zeichen 23
Der Buchstabe W

Das W hat mit doppelter Transformation im Leben zu tun. Der Buchstabe deutet auf Energie, aber auch auf Veränderungen im Leben hin. Die gelbe Farbe des Zeichens hat zudem mit den Emotionen zu tun. Das W stärkt Sie und Ihr inneres Kind.

Zeichen 24
Der Buchstabe X

Das X steht in erster Linie für Schutz. Zwei sich kreuzende Striche deuten auf Kontakte hin. Jeder trägt sein Kreuz und muss für sich entscheiden. Im Engel-Alphabet sieht der Buchstabe wie ein Tier aus, das galoppiert. Die blaue Farbe symbolisiert die Kontaktaufnahme zur geistigen Welt.

Zeichen 25

Der Buchstabe Y

Das Y sieht aus wie ein offenes Glas und steht deshalb für Wissen und Aufnahme. Es bringt Zufriedenheit und soziales Denken. Die Farbe Lila lässt uns spirituell denken und handeln. Im Engel-Alphabet ähnelt dieser Buchstabe einem fliegenden Käfer, was Freude bedeutet.

Zeichen 26
Der Buchstabe Z

Das Z hat mit dem zu tun, was ich gern das »Zebrastreifengesetz« nenne: Geben und Nehmen, gute Zeiten und schlechte Zeiten. Man erlebt viele Dinge – Zufriedenheit, Zielstrebigkeit – und muss manches ausbaden, bevor wieder eine gute Zeit kommt. Im Engel-Alphabet ist das Zeichen auf schwarzem Hintergrund gestaltet, was Erdung und Schutz bedeutet.

Kapitel 4

DIE ENGELZEICHEN IM EINZELNEN UND DIE ARBEIT MIT IHNEN

Die Energie der Engelzeichen wirkt immer zum höchsten Wohl, daher können Sie sie nie falsch anwenden. Die Zeichen dienen dazu, Klarheit in Ihr Leben zu bringen.

Die Unikate sind zum Teil sehr alt und von meiner Urgroßmutter bzw. meiner Großmutter angefertigt worden. Meine Urgroßmutter Anastasia und ihre Tochter Walja schufen die Engelzeichen und verteilten sie unter den Menschen, um für mehr Schutz, Liebe und Gesundheit zu sorgen. Einige der Zeichen des Engel-Alphabets bekam meine Urgroßmutter Anastasia schon von ihrer Mutter und diese von ihrer. Daher kann man nur vermuten, wie alt sie sind. Doch Anastasia channelte auch immer wieder neue Zeichen für verschiedene Lebensthemen der Menschheit und übertrug sie per Hand in ihr Buch. Ihre Tochter, meine Großmutter und schamanische Lehrerin Baba Walja, gestaltete ebenfalls weitere Zeichen. Das Verfahren war einfach: Zuerst wurde der Hintergrund jeder Karte ausgewählt. Er bestand aus farbigem Papier oder auch Leder. Das Papier stellte sie übrigens selbst her. Die Farbe des Hintergrunds musste jeweils das Thema des Zeichens widerspiegeln. Danach wurden die Zeichen aus einem anderen Material – meistens Papier – ausgeschnitten und auf den Hintergrund aufgeklebt. Gelegentlich sind auch Leder, Seide oder Baumwolle verwendet worden.

Alle Zeichen in Braun, die Sie im Buch finden, stammen von Anastasia selbst. Die Zeichen in Grün sind von ihrer Tochter Baba Walja, die sie mir vererbt hat. Weitere Zeichen habe ich nach ihren Zeichnungen selbst hergestellt, indem ich die überlieferten Zeichen in der Originalfarbe auf hochwertiges Papier gezeichnet und ausgeschnitten habe. Anschließend wurden sie auf einen Hintergrund aus handgemachtem Karton geklebt. Einige Kärtchen habe ich komplett selbst gestaltet. Heute gibt es mehr als 250 alte und neue Zeichen. Für das Buch wurden sie fotografiert, um auf diesen Seiten abgedruckt zu werden.

Die Symbole für die Buchstaben des Engel-Alphabets finden Sie am Ende des Buches noch einmal zusammengefasst. Diese Karten können Sie ausschneiden, wenn Sie mit ihnen arbeiten möchten. Die Themenkarten können Sie jedoch auch abmalen, direkt auf die Haut oder einen Zettel übertragen und überallhin mitnehmen. Sie können sich das Ganze noch einfacher machen und ein bestimmtes Thema-Zeichen mit dem Handy fotografieren. So haben Sie das Zeichen immer dabei.

Die Engelzeichen entstammen der Engelsprache und richten sich an alle Menschen, die ihre Wünsche in Erfüllung gehen lassen möchten, innerlichen Schmerz überwinden wollen oder nach innerer Ruhe suchen. Sie ermöglichen Ihnen den Zugang zur geistigen Engelwelt. Sie aktivieren geheime Kräfte und weisen Ihnen den richtigen Weg. Mit den Zeichen können Sie Räume reinigen, Gegenstände energetisieren, Sie können sie zum Meditieren verwenden oder auf die Chakras auflegen. Wenden Sie sie nach Ihrer Intuition an.

Um mit den Kärtchen zu arbeiten, legen Sie eines oder mehrere davon einfach auf einen Tisch oder auf eine Fensterbank und lassen Sie sie wirken. So erhalten Sie selbst, Ihre Mitmenschen und alle Gegenstände in Ihrem Zuhause Unterstützung und Informationen durch neue Energie. Einzelne Themenkarten können aber auch in der Hosen- oder Handtasche mitgenommen werden.

Wenn Sie mit dem Engel-Alphabet arbeiten möchten, blättern Sie einfach in diesem Buch und suchen Sie sich pro Lebensbereich spontan drei Engelsymbole aus, schreiben ihre Bezeichnungen darauf und deuten sie dann zuerst einzeln und danach im Zusammenhang. Im Folgenden gebe ich Ihnen einige Bespiele dafür, wie Sie die Buchstaben- oder Themenzeichen, die ich anschließend genau beschreiben werde, verwenden können.

Die Verwendung der Buchstaben- und Themenzeichen

Allgemeiner Schutz
Haben Sie das Bedürfnis, von Ihrem Engel eine besondere Botschaft zu erhalten und den Schutz Ihres Engels zu genießen? Dann suchen Sie sich verschiedene Zeichen aus dem Buch aus und arbeiten mit ihnen. Wir alle erhalten früher oder später ein oder mehrere Zeichen von unseren Engeln. Die Frage ist nur, wann und zu welchem Anlass. Suchen Sie sich spontan einmal im Monat drei Zeichen aus dem Engel-Alphabet aus und lassen Sie sie wirken. Sie unterstützen Sie in Ihrer jeweiligen Lebenssituation.

Wohnung, Haus, Körper oder Seele stärken
Zeichen zu diesen Zwecken platzieren Sie in der Wohnung oder in der Nähe Ihres Körpers. Sie können sie aber auch direkt am Körper oder in einer Tasche bei sich tragen. Entscheiden Sie sich intuitiv für mehrere Zeichen und legen Sie diese nebeneinander aus.

Pflanzen unterstützen
Wenn Sie Ihre Pflanzen durch die Energie der Engel unterstützen möchten, sollten die Bildseiten der Zeichen zur Pflanze zeigen. Legen Sie dazu die Bilder einfach neben dem Blumentopf, bei Gartenpflanzen oder Bäumen mit der Bildseite Richtung Pflanze aus.

Lebensmittel, Wasser, Schmuck oder Kosmetika aktivieren
Sie können auch Ihre Lebensmittel, Wasser, Kosmetika oder Schmuck mit der Energie der Engel aufladen. Wählen Sie mit geschlossenen Augen eine Karte aus und legen Sie diese in die Nähe des zu aktivierenden Gegenstandes. Lassen Sie die Karte zwölf Minuten wirken, dann ist die Aktivierung abgeschlossen.

Themenbezogene Verwendung
Sollte es Ihnen an etwas mangeln (an Liebe, Geld, Anerkennung oder Freunden) oder möchten Sie etwas Bestimmtes in Ihrem Leben anziehen oder verstärken, dann verwenden Sie mehrere Zeichen. Als Erstes sollten Sie Ihren Wunsch formulieren. Geht es um eine neue Liebe? Dann schreiben Sie das Wort »Liebe« auf einen Zettel. Geht es um Genesung, dann das Wort »Genesung«.

Beispiel:
GENESUNG
Streichen Sie zunächst alle Buchstaben, die mehrfach vorkommen. Das sieht in unserem Beispiel dann so aus:

GEN~~E~~SU~~NG~~
GENSU

Suchen Sie die Karten für diese Buchstaben aus und legen Sie sie nebeneinander hin. Lassen Sie sie ein paar Tage lang wirken. Die Wirkung der Zeichen geschieht meistens unbewusst. Ihre Wünsche werden automatisch in die Engelwelt übermittelt.

Reinigung durch die Zeichen
Visualisieren Sie ein beliebiges Zeichen in jedem Chakra. Sie sollten dabei mit ein bis drei Zeichen nacheinander arbeiten. Sie können aber auch eine Karte direkt an das Chakra halten, auch so werden Energien übertragen.

Kosmische Geheimnisse entschlüsseln: der eigene Name

Die Karten sind durch eine spezielle Methode entstanden, daher sind sie nur in der dargestellten Farbausführung wirksam. Verwenden Sie mehrere Zeichen gleichzeitig. Ihr Vorname besteht aus Formen und Farben.

Sie haben viele Themen, die Sie in diesem Leben erledigen müssen. Um mehr Energie für diese Themen zu bekommen, gehen Sie so vor: Wählen Sie die Buchstaben-Zeichen Ihres Vornamens aus und arbeiten Sie täglich mit Ihnen. Stellen Sie Ihren Vornamen aus den Buchstaben-Karten zusammen. Beachten Sie dabei, sich wiederholende Buchstaben nur einmal zu verwenden.

Beispiele:
HANSPETER und MARIA
Streichen Sie zunächst alle Buchstaben, die mehrfach vorkommen. Das sieht dann so aus:

HANSPETER → HANSPET~~E~~R → HANSPETR
MARIA → MARI~~A~~ → MARI

Stellen Sie nun Ihren Namen zusammen und sehen Sie nach, was für Qualitäten Sie haben. Welche Farben und Formen hat Ihr Name? Entdecken Sie die verschiedenen Aufgaben Ihres Namens.

Beispiel:
VADIM

Mein Vorname hat folgende Farben, die einige meiner Qualitäten und Lebensziele beschreiben:

Violett steht für meine Intuition.
Gold wirkt lebensbejahend.
Blau hilft mir loszulassen.
Braun dient meiner Entspannung.
Rot steht für mehr Energie und weckt meine Spiritualität.
Orange wirkt aufbauend.
Schwarz symbolisiert meine Verankerung im Leben.

In meinem Namen finden sich folgende Formen, die mich im Alltag unterstützen:

Die geschwungenen Formen leiten negative Energien ab.
Der Kreis sammelt Energie.
Die Quadrate sichern mich ab.

Weitere Beispiele:
MARIA, also **MARI**

Farben:

Gold wirkt lebensbejahend.
Blau hilft loszulassen.
Rot steht für mehr Energie und weckt Spiritualität.
Orange wirkt aufbauend.
Schwarz symbolisiert Verankerung.
Weiß steht für die Reinigung der Seele und bringt Geduld.

Formen:

Die geschwungenen Formen leiten negative Energien ab.
Die Quadrate sichern ab.

THOMAS

Farben:

Grün steht für die Heilung und die seelische Reinigung.
Gold wirkt lebensbejahend.
Blau hilft loszulassen.
Rot steht für mehr Energie und weckt Spiritualität.
Orange wirkt aufbauend.
Schwarz symbolisiert Verankerung.
Rosa symbolisiert Entspannung.

Formen:

Die geschwungenen Formen leiten negative Energien ab.
Das Herz steht für Kommunikation.
Die Quadrate sichern ab.

Die Vornamen-Kombination ist wie ein Seelencode, sozusagen Ihre persönliche Telefonnummer (Seelennummer). Diese schützt Ihr Energiepotenzial und legt die neuen Energiekanäle fest.

Die Engelzeichen von A bis Z

Und nun kommen wir zu den rund 250 Zeichen, die der Engelsprache entstammen und alle relevanten Lebensthemen abdecken. Es sind Zeichen der Engel, mit deren Hilfe Sie Ihr Leben angenehmer gestalten können. Die Engelzeichen ermöglichen uns den Zugang zur geistigen Engelwelt, sie aktivieren geheime Kräfte und zeigen uns die richtigen Wege.

Um die Zeichen zu verwenden, können Sie die Originale abmalen oder sie vereinfacht grafisch darstellen, indem Sie sie auf ihre wesentlichen Bestandteile reduzieren. Hier sind drei Beispiele:

A

Abgrenzung

Dieses Zeichen grenzt Sie von den Menschen in Ihrer Umgebung etwas ab.

Es ist in Orange gehalten und bringt Ihnen Zeit für sich allein. Der rotblaue Kern ermöglicht es Ihnen, sich zurückzuziehen. Rot und Braun stehen für Sicherheit und Stabilität. Blau hilft Ihnen, sich abzugrenzen. Die geschwungenen Formen leiten Negatives ab und geben Ihnen so das Gefühl, in Sicherheit zu sein.

Abhängigkeit

Sollten Sie von jemandem oder etwas abhängig sein, wollen sich jedoch aus dieser Abhängigkeit lösen, können Sie dieses Zeichen verwenden. Es stärkt Ihre Selbstständigkeit und gibt Ihnen Kraft, um wichtige Dinge selbst in die Hand zu nehmen.

Das Zeichen ist in Blau gehalten und verleiht Ihnen seelische Ruhe. Der rote Kern bringt neue Ideen für den selbstständigen Weg. Rot steht zudem für die Energie, die man in schweren Zeiten braucht. Blau hilft Ihnen, Abhängigkeiten loszulassen. Die zwei Formen im Zeichen helfen gegen Abhängigkeit: Das Herz steht für Kommunikation und gibt Ihnen die kraftvolle Energie, die Sie unabhängig werden lässt; der Stern grenzt Sie von Neidern und negativen Personen ab. Er leuchtet in Ihrem Leben und zeigt Ihnen die richtigen Wege.

Absicherung

Dieses Zeichen gibt Ihren Gedanken Sicherheit.

Es ist in Orange gehalten und bringt innerliche Ruhe. Der blau-orange-braune Kern ermöglicht mehr Erdung. Orange wirkt aufbauend auf Ihre Seele. Braun sichert Sie ab. Blau hilft Ihnen zu kommunizieren. Die Formen des Zeichens sammeln Energie von außen und leiten sie an Ihre Seele. Das Quadrat schützt Ihre Seele vor negativen Energien.

Aggression abbauen

Leiden Sie selbst an Aggressionen, oder ziehen Sie womöglich aggressive Menschen an? Es spielt keine Rolle, ob diese Aggressionen in Ihnen sind oder von außen kommen. Verwenden Sie dieses Zeichen, es wird Ihnen inneren Ausgleich bringen.

Das Zeichen ist in Orange gehalten und wirkt aufbauend auf Ihre Seele. Jeder Mensch profitiert von einer starken Seele. »Eine starke Seele kennt keine Aggressionen«, sagen Schamanen. Der blaue Kern öffnet Ihnen eine neue, schöne Realität. Blau steht für das Halschakra und für Klärung. Diese Farbe hilft Ihnen, Personen oder Situationen loszulassen. Sie sehen eine Art Stern im Zeichen, der Sie absichert und abgrenzt. Diese geometrische Form erneuert Ihre Energie und Ihre Potenziale.

Akasha-Zeichen

Wenn Sie channeln wollen, wird Ihnen der Schlüssel zum Akasha gute Dienste leisten. Das gilt auch, wenn Sie etwas Neues erlernen wollen. Dann sollten Sie sich dieses Zeichen immer wieder auf Ihr Herzchakra legen.

Das Zeichen ist in Braun gehalten und zeigt Ihnen neue Wege auf. Sein rot-oranger Kern erleichtert den Empfang neuer Informationen. Rot steht dabei für mehr Energie und weckt Ihre Spiritualität. In Kombination mit Orange wirkt diese Farbe aufbauend auf Ihre Seele und erweitert Ihren Kanal zur geistigen Welt. Braun dient zusätzlich der Entspannung Ihrer Sinne, was für das Channeln eine wichtige Voraussetzung ist. Der Tropfen im Zeichen leitet negative Energien ab und gleicht Sie aus. So können Sie unbedenklich mit der geistigen Welt in Kontakt treten. Sie bleiben geschützt.

Akzeptanz

Akzeptieren Sie Ihr Leben. Sollten Sie jedoch in eine Situation geraten, die Sie viel Kraft kostet und mit der Sie nicht zurechtkommen, verwenden Sie dieses Zeichen.

Es ist in Braun gehalten und gibt Ihnen mehr Erdung. Der blaue Kern sorgt für neue Anregungen und gibt Ihrem Denken viel Tiefe. Braun dient zudem der Entspannung Ihrer Sinne und sorgt für mehr Stabilität. Blau hilft Ihnen, das Alte loszulassen. So können Sie mit der Situation, die gerade entstanden ist, besser umgehen. Die geschwungenen Formen im Zeichen leiten negative Energien ab.

Alte Verletzungen heilen

Hat Sie jemand seelisch verletzt? Wenn Sie dieses Zeichen verwenden, werden Sie einen Weg aus Ihrem Groll und dem Zustand, beleidigt zu sein, finden.

Das Zeichen ist in Grau-Grün gehalten und bringt Ihnen seelische Ruhe und Heilung. Der blau-orange Kern sorgt für neue Kraft und Hoffnung.

Grün steht für das Herzchakra und die Heilung ebenso wie für die seelische Reinigung. Diese ist nötig, um das Erlebte im inneren Kind zu verarbeiten. Orange wirkt aufbauend, und Blau hilft Ihnen, besser zu kommunizieren und loszulassen. Die geschwungenen Formen des Zeichens leiten negative Energien ab und schließen die offenen Wunden der Seele.

An sich glauben

Lernen Sie, an sich zu glauben! Sie sind Herr der Situation und der wichtigste Mensch in Ihrem Leben. Um an sich glauben zu können, brauchen Sie Heilenergie und seelische Reinigung. Das Zeichen aktiviert Mut und lässt Sie Ihre Einzigartigkeit erkennen.

Das Zeichen ist in Rot gehalten und bringt Ihnen unendlich viel Kraft. Der rote Kern ermöglicht Ihnen neue Sichtweisen und festigt Ihren Glauben.

Rot steht für mehr Energie, und Schwarz sichert Sie im Leben ab. Das Quadrat schützt Ihren Geist, und die geschwungenen Formen leiten negative Energien ab. Das Kleeblatt symbolisiert Glück auf allen Ebenen und das Wachstum der Seele.

Analysefähigkeit

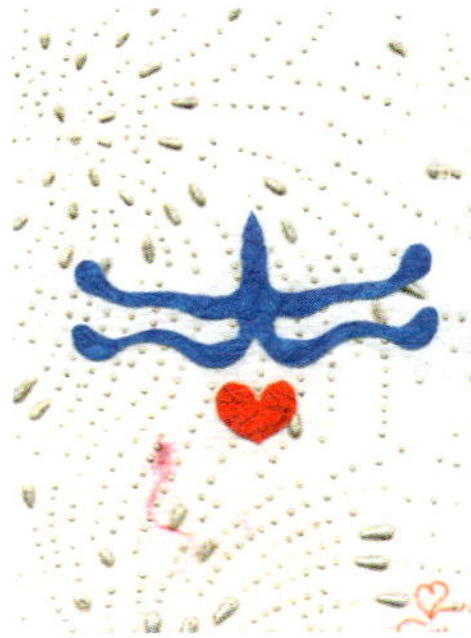

Dieses Zeichen steht für die Analyse der eigenen Gedanken und Ziele.

Es ist in Weiß gehalten und bringt Ihnen Klarheit und neue Sichtweisen. Der rot-blaue Kern ermöglicht es Ihnen, die Welt mit dem Herzen zu fühlen. Das rote Herz steht im Alphabet der Engel für mehr Energie und bringt Verständnis. Weiß symbolisiert die Reinigung der Seele und Geduld. Blau hilft Ihnen, alte Muster loszulassen. Die geschwungenen Formen leiten negative Energien ab und ermöglichen eine gute Analyse sowohl des Geschehens als auch von Situationen, in denen man sich befindet. Durch die Analyse der Umstände erkennen Sie die Ursachen schneller, was eine Problemlösung bringt.

Anderen guttun

Dieses Zeichen macht Sie zu einer Art Mutter Teresa, da es Ihre Fähigkeit unterstützt, anderen Hilfe anzubieten. Sie erkennen, wer Hilfe benötigt, und können Menschen mit dem richtigen Rat unterstützen.

Es ist in Blau gehalten und bringt Ihnen Herzlichkeit. Der rote Kern macht es Ihnen möglich, den Menschen in Ihrer Umgebung gutzutun. Diese Farbe bringt Ihnen die nötige Energie und lässt Sie spirituell denken. Blau hilft Ihnen, die Kommunikation zu beginnen. Die geschwungenen Formen schützen Sie zudem vor negativen Energien. So werden Sie beim Helfen nicht ausgenutzt.

Anerkennung

Sehnen Sie sich nach einem besseren Job, nach Aufstieg oder mehr Anerkennung? Möchten Sie, dass Ihr unermüdlicher Einsatz richtig gewürdigt wird? Dieses Zeichen unterstützt Sie dabei.

Es ist in Grün gehalten und bringt Ihr Herz zum Glühen. Es sorgt für neue Ideen und zeigt neue Wege. Der weiße Kern bringt Klarheit. Grün steht für die Hoffnung und Heilung sowie seelische Reinigung. Weiß symbolisiert die Reinigung der Seele und macht Sie geduldig. Das Engelchen begleitet Sie und unterstützt Ihre Erfolge.

Angst analysieren

Leiden Sie unter Angst? Jeder Mensch hat Ängste, die Frage ist nur, wovor. Das Zeichen ermöglicht es Ihnen, Ihre Ängste zu analysieren und ihre Ursachen zu finden (siehe auch das nächste Zeichen »Angst verarbeiten«).

Das Zeichen ist in Hellbraun sowie in Rot gehalten und verhilft Ihnen zu tiefgehenden Erkenntnissen. Der rot-orange Kern sorgt für die dafür nötige Kraft. Rot steht für mehr Energie, die gegen Angst wirkt. Orange baut Ihre Seele auf und lässt Sie an das Gute glauben. Braun dient der Entspannung Ihrer Sinne und der Meditation. Die geschwungene Form im Zeichen leitet negative Energien ab und baut Ihr inneres Kind wieder auf. Die Kreise sammeln neue Energie und leiten sie in Ihr Unterbewusstsein.

Angst verarbeiten

Nachdem Sie erfahren haben, woher Ihre Angst kommt, sollten Sie dieses Zeichen verwenden, um sie zu verarbeiten und abzubauen.

Das Zeichen ist in Blau gehalten und gleicht Sie aus. Der rot-orange Kern ermöglicht Ihnen, aus dem Bauch heraus zu handeln.

Blau hilft Ihnen, das Alte loszulassen, denn Angst basiert immer auf Erfahrungen, die Sie gesammelt haben. Genau hier setzt das Zeichen in seiner Wirkung an. Die Herzen stehen für eine gute Kommunikation und geben Ihnen kraftvolle Energie. Die geschwungene Form leitet negative Energien ab.

Anpassungsfähigkeit

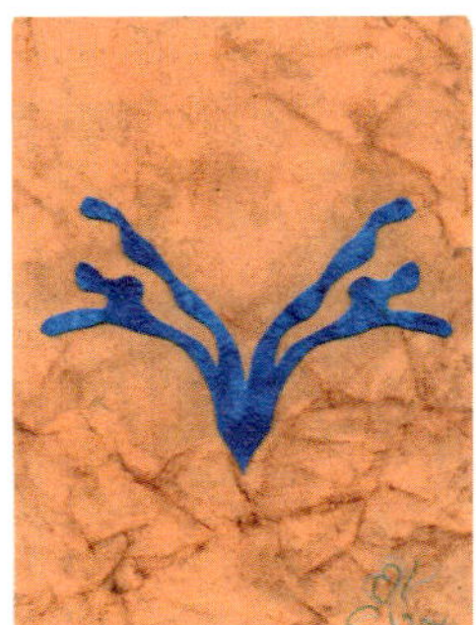

Haben Sie Schwierigkeiten, sich an eine bestimmte Situation anzupassen? In einem solchen Fall verhilft Ihnen dieses Zeichen zu mehr Flexibilität.

Es ist in Braun gehalten und gibt Ihnen Sicherheit. Der blaue Kern sorgt für mehr Ausgewogenheit. Braun dient zudem der Entspannung Ihrer Sinne, während Blau Ihnen dabei hilft loszulassen. Die geschwungenen Formen, die auch optisch für Biegsamkeit stehen, machen Sie flexibel.

Anti-Aging

Wir leben in einem energetischen Meer und schwimmen wie die Fische im Wasser in einer Energiesuppe. Dieses Zeichen schickt Ihnen neue Frequenzen, vitale Energien und schützt Sie vor negativen Einflüssen. Es gibt Ihrer Seele die Kraft zur Regeneration.

Das Zeichen ist in Braun mit Blau und Weiß gehalten und ermöglicht eine gute Abschirmung. Der weiße Kern verhilft Ihnen zu mehr Klarheit. Braun dient der Erdung und bringt Sicherheit. Weiß steht für die Reinigung der Seele und bringt Ihnen Geduld. Blau hilft Ihnen, loszulassen und das Gedankenkarussell hinter sich zu lassen. Die Formen des Zeichens bringen Ihnen mehr Kraft und Schutz im Alltag.

Anziehung

Wir ziehen das an, was wir ausstrahlen. Das ist ein kosmisches Gesetz.

Das Zeichen ist in Braun gehalten. Es sorgt für die Reinigung der vorhandenen Energien und zieht neue Menschen in Ihr Leben. Es verbessert Ihr Charisma. Der rote Kern verhilft zu Mut, Neues anzupacken. Rot galt schon immer als Farbe der Liebe. Anziehung basiert auf Liebe. Diese Farbe steht für mehr Energie und weckt Ihre Eigenliebe. Dadurch ziehen Sie neue Liebe in Ihr Leben. Braun dient der Entspannung Ihrer Sinne. Die geschwungenen Formen im Zeichen leiten negative Gedanken ab und sorgen für Ihre Ausgeglichenheit.

Aus dem Herzen heraus handeln

Dieses Zeichen lässt Sie von Ihrem Herzen aus handeln.

Es ist in Weiß gehalten und bringt Ihnen Klarheit und Zuversicht. Der rote Kern lässt Ihr Herz sprechen, denn diese Farbe steht für Energie und Kraft. Weiß steht für die Reinigung der Seele. Diese Farbkombination ist das Zeichen der Güte. Das Herz steht für eine gelungene Kommunikation und gibt Ihnen kraftvolle Energie.

Ausgeglichenheit

Sie haben das Bedürfnis nach mehr Ausgeglichenheit, weil Sie ein Mensch sind, der mehr gibt, als er nimmt? Dann sollten Sie dieses Zeichen verwenden.

Es ist in Blau gehalten und bringt Sie in die goldene Mitte. Das blaue Herz sorgt für Herzensruhe. Rot steht für Urvertrauen und Liebe. Blau hilft Ihnen loszulassen. So gelangen Sie zu mehr Ausgeglichenheit und Besinnung. Die geschwungenen Formen schützen Ihre Seele vor Fremdenergien.

Ausprobieren

Sie wollen etwas Neues ausprobieren, sind sich aber unschlüssig, was Sie wie machen sollen? Dieses Zeichen bringt Ihnen in solchen Fällen Klarheit.

Das Zeichen ist in Blau-Gold gehalten und gibt Ihnen Mut für das Neue. Es unterstützt Sie auch bei der entsprechenden Planung. Der orange Kern schenkt Ihnen zudem neue Kräfte. Gold wirkt lebensbejahend, denn um neue Dinge auszuprobieren, muss man das Leben bejahen. Orange wirkt aufbauend auf Ihre Seele und gibt Ihnen Mut und Zuversicht. Die beiden Herzen stehen für eine gute Kommunikation und sorgen für kraftvolle Energie.

Aussprechen lernen

Dieses Zeichen gleicht Ihr Halschakra aus.

Es ist in Orange gehalten und lässt Sie Dinge klar benennen. Der blaue Kern ermöglicht Ihnen, all das auszusprechen, was Ihnen bislang im Hals stecken blieb. Orange wirkt aufbauend auf Ihre Seele, und Blau hilft Ihnen zu kommunizieren. Die Formen des Zeichens leiten negative Energien ab und sorgen für Ihre Ausgeglichenheit.

Ausstrahlung

Dieses Zeichen stärkt Ihr Wesen.

Es ist in Blau gehalten und verleiht Ihnen eine neue Ausstrahlung. Der rotorangene Kern ermöglicht es Ihnen, sich Ihrer eigenen Stärke bewusst zu werden. Rot steht für Selbstvertrauen, und Orange wirkt aufbauend auf Ihre Seele. Beide Farben lassen Sie Ihre Originalität und Einzigartigkeit erkennen. Blau hilft Ihnen zudem, einige Dinge, die Sie nicht brauchen, loszulassen. Die geschwungenen Formen leiten negative Energien ab. Die Herzen stehen für eine gute Kommunikation und geben Ihnen kraftvolle Energie.

B

Balance

Wer mehr Balance im Leben braucht, kann auf dieses Zeichen zurückgreifen. Am besten zeichnen Sie es auf ein Stück Papier oder direkt auf Ihre Haut.

Das Zeichen ist in Weinrot gehalten und gleicht Sie enorm aus. Der orange Kern bringt mehr Seelenstärke und Elan. Orange wirkt aufbauend auf Ihre Seele. Rot steht für Ihre Intuition und Ihre Spiritualität. In dieser Zusammenstellung arbeiten beide Farben ausgleichend. Die geschwungenen Formen leiten negative Energien ab. Die Dreiecke stehen für Kommunikation und geben Ihnen Sicherheit. Die symmetrische Form grenzt Sie von Neidern ab.

Barmherzigkeit

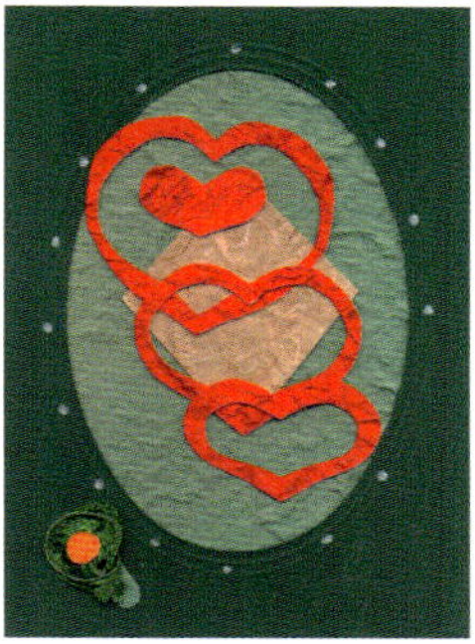

Wenn Sie anderen Menschen helfen wollen, wird Ihnen das Barmherzigkeitszeichen gute Dienste leisten.

Das Zeichen ist in Grün gehalten und ermöglicht Ihrem Herzen, sich für andere zu öffnen. Der rote Kern bringt mehr Kraft und Mut. Grün symbolisiert Heilung und die seelische Reinigung. Rot steht für mehr Energie und weckt Ihre Spiritualität. Durch spirituelles Denken können Sie die Herzen der anderen erreichen. Die Herzen im Zeichen stehen für eine gute Kommunikation und geben Ihnen kraftvolle Energie.

Befreiung von alten Mustern

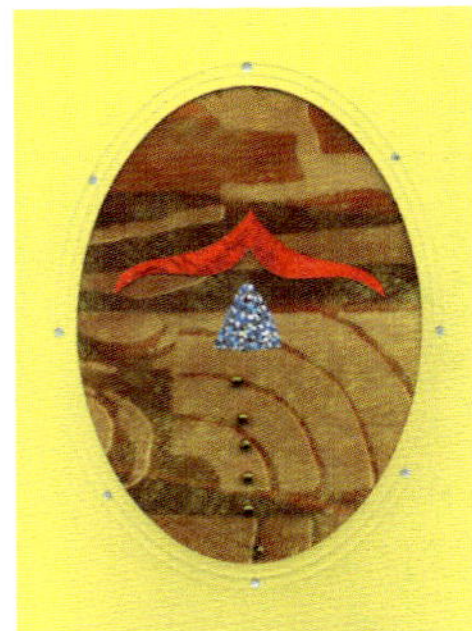

Dieses Zeichen befreit Sie von alten Karma- oder Familienmustern.

Das Zeichen ist in Gelb und Braun gehalten und verhilft Ihnen zu neuer Energie. Der rote Kern aktiviert Ihr Selbstvertrauen. Gelb wirkt lebensbejahend, Braun dient wiederum der Entspannung Ihrer Sinne. Die geschwungenen Formen im Zeichen befreien Ihre Seele von alten Mustern.

Befreiung von Beeinflussung

Sollten Sie unter dem Einfluss anderer Menschen oder einer bestimmten Situation stehen, wird Ihnen dieses Zeichen helfen, sich davon zu befreien.

Es ist in Ocker gehalten und verleiht Ihnen ungeahnte Kräfte, damit Sie sich von derartigen Einflüssen lösen können. Der rot-blaue Kern sorgt für Ausgewogenheit. Rot steht für mehr Energie, und Braun (Ocker) dient der Entspannung Ihrer Sinne. Blau hilft Ihnen loszulassen. Dadurch können Sie sich freier fühlen und handeln. Die symmetrische Form grenzt Sie etwas von der Vergangenheit ab.

Befreiung von Sucht und Abhängigkeit

Gegen Sucht und Abhängigkeit empfehle ich dieses Zeichen der Befreiung.

Das Zeichen ist in Blau gehalten und lässt Sie die Situation, in der Sie sich befinden, klar erkennen. Zudem erhalten Sie Rat, wie Sie diese verändern können. Der rote Kern hilft Ihnen bei der Umsetzung. Rot steht für mehr Energie, und Blau hilft Ihnen loszulassen. Die geschwungene Form leitet negative Energien aus dem Unterbewussten ab. So können Sie sich schneller von Dogmen und alten Abhängigkeiten befreien.

Begeisterung

Dieses Zeichen verändert Ihre Sichtweise auf die Dinge in Ihrem Leben.

Es ist in Blau gehalten und bringt mehr Begeisterung in Ihren Alltag. Der rote Kern ermöglicht es, dass Sie auch Kleinigkeiten erkennen. Rot steht für Begeisterung und Energie. Blau hilft Ihnen, diese Energie zu tanken. Das Herz steht für eine gute Kommunikation, und die symmetrische Form grenzt Sie von negativen Energien ab.

Begreifen lernen

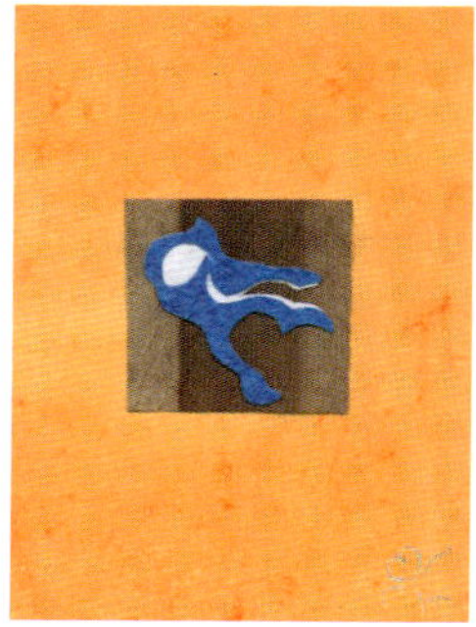

Dieses Zeichen lehrt Sie Situationen begreifen, die Ihnen zunächst unverständlich erscheinen. Alles hat eine Ursache und eine Wirkung, und jede Situation ist eine Lernaufgabe.

Das Zeichen ist in Orange mit Braun und Blau gehalten und verleiht Ihnen die Fähigkeit, die Welt mit anderen Augen zu betrachten. Orange wirkt positiv auf Ihren Verstand. Diese Farbe bringt neue Kraft. Braun dient der Entspannung Ihrer Sinne. Blau hilft Ihnen, unnötige Gedanken loszulassen. Die geschwungenen Formen leiten negative Energien ab.

Beruhigung

Wer oft aufgewühlt ist, sollte das Zeichen der Beruhigung in sein Leben integrieren.

Es ist in Braun mit Blau gehalten und sorgt für mehr Stabilität. Der rot-orange Kern bringt mehr Seelenruhe und die Fähigkeit, sich zu zentrieren. Orange wirkt aufbauend auf die Seele, und Braun dient der Entspannung. Weiß steht für die Reinigung der Seele und bringt Ihnen Geduld. Die Herzen in der Mitte des Zeichens symbolisieren eine gute Kommunikation und geben Ihnen kraftvolle Energie. Das Quadrat sichert Sie ab und schützt vor Provokationen.

Beschleunigung

Dieses Zeichen beschleunigt den Ablauf von Ereignissen, indem es dafür sorgt, dass Ereignisse, die man sich wünscht, schneller eintreten. Da die Zeit im schamanischen Bereich nur ein Gefühl darstellt, vermittelt das Zeichen den Eindruck, dass Ereignisse rascher stattfinden.

Es ist in Braun gehalten und vermittelt Ihnen das Gefühl, dass alles schneller geschieht als üblich. Der weiße Kern ermöglicht eine gute Planung. Orange wirkt schnell und gibt Ihnen ebenfalls das Gefühl, dass etwas schneller vorangeht. Braun dient der Entspannung Ihrer Sinne. Blau hilft Ihnen loszulassen. Das Quadrat sichert Sie im Leben ab und schützt Ihre Seele vor negativen Energien.

Bewegung

Dieses Zeichen bringt Sie in Bewegung.

Es ist in Orange gehalten und gibt Ihnen Kraft. Der weiß-blaue Kern lässt Sie diese Kraft gezielt einsetzen. Orange wirkt belebend und öffnet die Sinne für Neues. Weiß steht für Schutz, und Blau hilft Ihnen, die richtigen Entscheidungen zu treffen. Das Viereck sichert Sie im Leben ab und schützt Ihre Seele vor negativen Energien.

Beziehung retten

Wenn Ihre Beziehung nicht mehr funktioniert und Sie Ihren Partner bzw. Ihre Partnerin nicht mehr verstehen, kann Ihnen dieses Zeichen weiterhelfen.

Es ist in Blau gehalten und bringt Harmonie in Ihr Herz. Es löscht alles Negative in Ihrem Herzen und im Herzen Ihres Partners. Der rote Kern bringt mehr Liebe ins Spiel. Rot steht für Energie und Liebe. Weiß steht für die Reinigung der Seele und bringt Ihnen neue liebevolle Impulse. Das Herz steht für eine bessere Kommunikation mit Ihrem Partner, und der Kreis sammelt Energie von außen und bringt sie in die Beziehung.

Bindung eingehen

Allen, die sich eine dauerhafte Bindung wünschen oder heiraten wollen, hilft dieses Zeichen. Es wirkt wahre Wunder.

Das Zeichen ist in Blau gehalten und führt Ihnen einen Menschen zu, der zu Ihnen passt. Der rot-weinrote Kern sorgt dafür, dass viel Liebe im Spiel ist. Die zwei roten Herzen stehen für mehr Energie und stärken Ihr Charisma. Blau hilft Ihnen, das Alte loszulassen. Die geschwungenen Formen leiten negative Energien ab und schützen Sie vor falschen Entscheidungen oder Menschen.

C

Chakrareinigung

Dieses Zeichen reinigt Ihre Chakras.

Es ist in Gelb gehalten und sorgt für eine schnelle Reinigung. Der rot-grün-orangene Kern versorgt die Chakras mit Flammenenergie. Grün steht für die Heilung aller Chakras. Gelb wirkt lebensbejahend. Die geschwungenen Formen leiten negative Energien ab.

Chakrastärkung

Bringen Sie sich ins Gleichgewicht! Dieses Zeichen stärkt und versorgt alle Chakras und bringt Ihnen Harmonie.

Es ist in Braun gehalten und schenkt Ihnen neue Kraft. Der rote Kern ermöglicht es, die Chakras zu öffnen. Rot steht für mehr Energie und regt Ihre Energiezentren an. Braun dient der Entspannung Ihrer Sinne, und Weiß symbolisiert die Seele selbst. Die geschwungene Form leitet negative Energien ab, und das Dreieck symbolisiert einen kraftvollen Energiefluss.

Chancen ergreifen

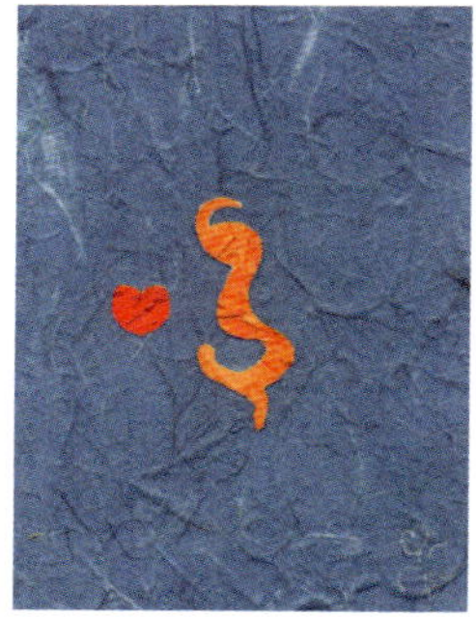

Ergreifen Sie neue Chancen! Das Universum steht Ihnen zur Seite, denn dieses Zeichen ist sehr stark in seiner Wirkung.

Es ist in Blau gehalten und bringt Ihnen neue Ideen. Der rot-orange Kern ermöglicht es Ihnen, die neuen Chancen nicht nur zu sehen, sondern auch zu ergreifen. Orange wirkt aufbauend auf Ihre Seele, und Blau hilft Ihnen, leichter zu kommunizieren. Die geschwungene Form unterstützt Sie und verhilft Ihnen zu Mut, neue Dinge anzupacken.

Channeln

Dieses Zeichen bringt Sie Ihrem Schutzengel näher und lässt Sie seine Anweisungen verstehen.

Das Zeichen ist in Blau und Violett gehalten und lässt Sie die göttliche Existenz besser verstehen. Der rot-orange Kern ermöglicht es Ihnen, Kontakt zu Ihrem Schutzengel aufzunehmen, wann immer Sie es wollen. Rot in Kombination mit Orange steht für mehr Energie und Ihre Spiritualität. Blau hilft Ihnen, die Kommunikation zur Engelwelt zu stärken. Violett steht für die Intuition. Die geschwungenen Formen unterstützen Ihre Antennen zur geistigen Welt. Die grüne Schleife bedeutet Bewegung und Tiefsinnigkeit. Sie sieht wie ein Schmetterling aus, der für die Transformation der Seele steht.

Chaos ordnen

Dieses Zeichen ist ein universelles Schutzzeichen. Wenn Sie das Gefühl haben, in Chaos zu versinken und mehr Schutz zu brauchen, sollten Sie es verwenden.

Das Zeichen ist in Grau gehalten und schützt alles, was Sie besitzen. Der rotorange Kern unterstützt Sie dabei, nicht chaotisch zu werden. Rot steht für Ordnung, und Orange wirkt aufbauend auf Ihre Seele. Braun dient der Entspannung Ihrer Sinne. Das Herz im Quadrat steht für eine gute Kommunikation und gibt Ihnen kraftvolle Energie. Die Kreise im Hintergrund sammeln frische Energie für Ihre Seele und machen Sie stark.

D

Das alte Wissen aktivieren

Jeder Mensch hat das alte Wissen in sich, also das Wissen aus dem Vorleben. Dieses Zeichen ist ein Schlüssel dazu.

Es ist in Hellbraun gehalten und gibt Ihnen die Möglichkeit, dieses Wissen zu entdecken. Der blaue Kern ermöglicht es Ihnen, das Wissen einzusetzen. Braun dient der Entspannung Ihrer Sinne, und Blau hilft Ihnen loszulassen. Durch das Loslassen können Sie Ihren Geist für das gespeicherte alte Wissen öffnen. Die Form des Zeichens unterstützt Sie dabei.

Das dritte Auge öffnen

Dieses Zeichen fördert Ihre Hellsichtigkeit.

Es ist in Blau und Orange gehalten und öffnet Ihr drittes Auge. Der orange-rote Kern ermöglicht Ihnen, in die Tiefe Ihrer Seele zu blicken. Orange wirkt aufbauend auf das sexuelle Chakra und die Lebensenergie. Das Sexualchakra ist mit dem Halschakra und mit dem dritten Auge verbunden, sie arbeiten zusammen. Weiß steht für die Reinigung der Seele, schenkt Geduld und unterstützt bei der Meditation. Blau hilft, die alltäglichen Sorgen loszulassen. Das Oval sammelt Energie und sendet sie an das dritte Auge. Die symmetrische Form grenzt von negativen Energien ab. So schützt es beim Channeln und Meditieren.

Das Herz öffnen

Dieses Zeichen ist der Schlüssel zu Ihrem verschlossenen Herzen. Es öffnet alle Türen und ermöglicht es Ihrem Herz, mehr Freude zu empfinden und neue Menschen und Ideen hineinzulassen.

Das Zeichen ist in Dunkelbraun gehalten und verschafft Ihnen Zugang zu Ihrem Herzen. Der orange Kern ermöglicht es, die Freude weiterzugeben. Orange wirkt aufbauend auf Ihr Herz, und Braun dient der Entspannung Ihrer Sinne. Weiß steht für die Geduld mit sich selbst. Die geschwungenen Formen des Zeichens gleichen Ihr Herz aus. Das Quadrat schützt es im Alltag vor negativen Einflüssen.

Das höhere Selbst

Dieses Zeichen steht für Ihr höheres Selbst. Es ist das Abbild Ihres Geistes.

Das Zeichen ist in Orange gehalten und schenkt Ihnen mehr Verständnis für die Welt. Der rot-blaue Kern ermöglicht Ihnen, Ihr höheres Selbst zu kontaktieren. Der rote Pfeil steht für das Empfangen der Energie und Ihr höheres Selbst. Orange wirkt aufbauend auf Ihre Seele, und Blau hilft Ihnen, Ihr Herz zu öffnen. Die geschwungenen Formen leiten Informationen von Ihrem höheren Selbst in Ihr Herz.

Das Leben genießen

Dieses Zeichen lässt Sie Ihr Leben genießen. Verwenden Sie es bei Kummer und Unzufriedenheit.

Das Zeichen ist in hellem Braun gehalten und bringt Ihnen Ausgleich. Der blau-orange Kern hilft Ihnen, abzuschalten und das Leben zu genießen. Orange steht für Lebenskraft und Elan. Diese Farbe wirkt aufbauend auf Ihre Seele. Braun dient der Entspannung Ihrer Sinne. Die geschwungenen Formen geben Ihnen kraftvolle Energie und helfen Ihnen dabei, das Leben zu genießen.

Das Leben organisieren

Wenn Ihr Leben durcheinander ist und Sie nicht weiterwissen, verwenden Sie dieses Zeichen. Es sorgt dafür, dass Ihr Leben einfacher wird, weil Sie sich besser organisieren.

Das Zeichen ist in Orange gehalten und lässt Sie konstruktiv denken. Der rote Kern hilft Ihnen dabei, das Leben neu zu organisieren und zu verstehen. Rot steht für mehr Energie und gibt Ihnen die Sicherheit, die Sie für das Umkrempeln Ihres Lebens benötigen. Orange wirkt aufbauend auf Ihre Seele und macht mutig. So können Sie Ihr Vorhaben leichter erreichen. Blau wiederum hilft Ihnen, das Alte loszulassen. Die geschwungenen Formen bringen neue Energie für Ihr Leben.

Denkfähigkeit aktivieren

Steht Ihnen eine Prüfung bevor, oder müssen Sie gerade besonders viel und konzentriert nachdenken? Dieses Zeichen gibt Ihnen die Kraft dazu.

Es ist in Orange und Braun gehalten. Der ebenfalls orange Kern ermöglicht die Steigerung Ihres Denkvermögens. Orange wirkt aufbauend, und Braun dient der Entspannung Ihrer Sinne. Das Quadrat sichert Sie im Leben ab und schützt Ihre Seele vor negativen Energien. Die Spirale transformiert Ihre Gedanken, sodass Sie sie leichter sortieren können.

Denkvermögen

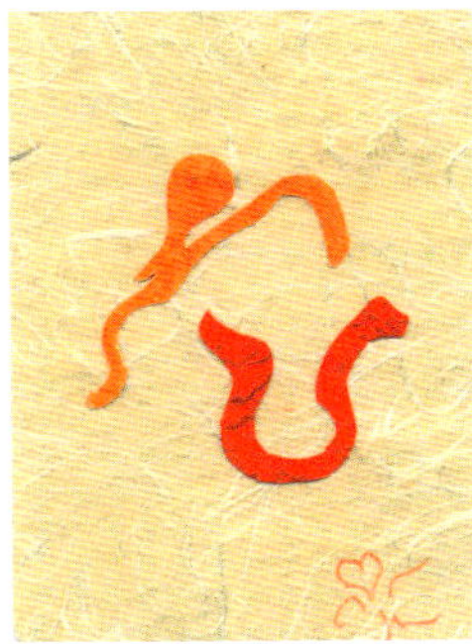

Dieses Zeichen regt Sie zum Denken an.

Es ist in der Farbe Creme gehalten und hilft Ihnen dabei, klar zu denken. Der rotorangene Kern ermöglicht es Ihnen, Ihre Gedanken zu sortieren und sie in die Tat umzusetzen. Rot steht dabei für mehr Energie und weckt Sicherheitsgefühle, die zum Denken wichtig sind. Orange wirkt aufbauend auf Ihre Seele. Die geschwungenen Formen leiten negative Energien ab und fokussieren Ihre Gedanken.

Depressionen

Dieses Zeichen beendet Phasen seelischer Tiefs.

Es ist in Blau gehalten und vermittelt Ihnen das Gefühl von Sicherheit. Der rote Kern lässt Sie depressive Phasen überstehen. Weiß steht für Reinigung. Rot und Blau sind Antagonisten. Rot bringt die Wärme und Blau die Kühle. Das gleicht die Psyche aus. Die geschwungenen Formen leiten Ängste ab.

Details wahrnehmen

Dieses Zeichen stärkt Ihren Sinn für Details. Sie werden die Welt auf neue Weise sehen.

Das Zeichen ist in Orange gehalten und unterstützt Sie dabei, die kleinen Dinge im Leben würdigen zu können. Der rot-blaue Kern lässt Sie auch an Kleinigkeiten Freude haben. Rot und Orange wirken lebensbejahend und geben die Kraft, um einige Ziele schneller zu erreichen. Blau hilft Ihnen dabei, ihre tägliche Erfahrungswelt zu beeinflussen. Das Herz steht für eine gute Kommunikation und schenkt Ihnen kraftvolle Energie.

Die Welt entdecken

Dieses Zeichen lädt Sie zu einer Entdeckungsreise ein. Sie können es auch zum Schutz auf Reisen mitnehmen.

Es ist in Blau gehalten und lässt Sie neue Horizonte erkennen. Der rote Kern sorgt dafür, dass Sie das Entdeckte verstehen. Die Farbe Rot hilft durch ihre Energie, in neue Dimensionen vorzustoßen. Die Formen des Zeichens aktivieren neue Denkweisen und die Analyse des Empfangenen.

Diplomatie

Dieses Zeichen macht Sie diplomatisch.

Es ist in Blau gehalten und kann Ihr Verhalten auf positive Weise verändern. Der rot-orange Kern ermöglicht es Ihnen, klug mit den Situationen umzugehen, in denen Sie sich befinden. Rot und Orange stehen für Geduld und Kraft. Um Diplomatie zu lernen, braucht man diese Qualitäten. Die Form des Zeichens unterstützt Ihre Ausgeglichenheit. Das Herz und der blaue Hintergrund stehen für eine gute Kommunikation.

Disziplin

Wenn Sie ein eher chaotischer Mensch sind und gerne disziplinierter wären, um Ihre Ziele zu erreichen, können Sie dieses Zeichen nutzen. Es sorgt für mehr Disziplin.

Das Zeichen ist in Blau gehalten und verleiht Ihnen mehr Ausdauer. Der rote Kern stärkt Ihr Durchhaltevermögen und hilft Ihnen, klug zu handeln.

Rot steht dabei für mehr Energie und Blau für die Kommunikation aus dem Herzen. Das Herz gibt Ihnen kraftvolle Energie, und die symmetrische Form grenzt Sie von negativen Einflüssen ab.

Dominanz

Dieses Zeichen macht Sie beständiger und dominanter.

Das Zeichen ist in Weinrot gehalten und schenkt Ihnen die Kraft, Ihre eigene Meinung zu äußern und zu ihr zu stehen. Der orange Kern lässt Sie auf andere Menschen stabil wirken. Rot steht für mehr Energie, aber auch für Dominanz. Orange stärkt Ihr Urvertrauen. Die Form des Zeichens unterstützt Ihr Ego und macht Sie entscheidungsfreudiger.

Durchsetzungsvermögen

Dieses Zeichen hilft Ihnen, Ihre Vorhaben durchzusetzen.

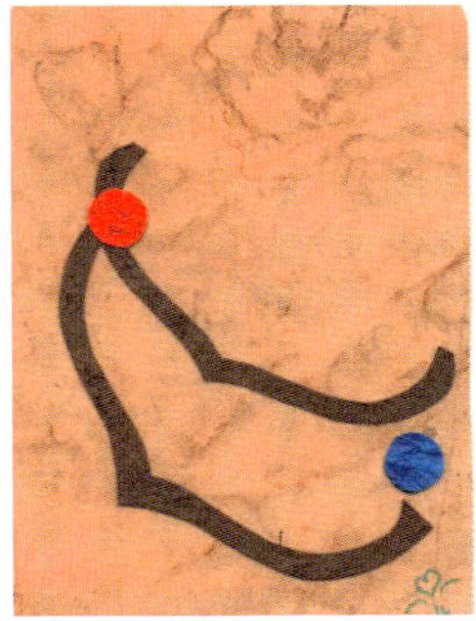

Es ist in hellem Braun gehalten und schenkt Ihnen Mut. Der rot-blau-braune Kern regt Sie an. Rot steht für mehr Energie und kann alles in Bewegung bringen. Braun dient der Sicherheit, und Blau hilft Ihnen zu kommunizieren. Die geschwungenen Formen geben Ihnen kraftvolle Energie.

E

Ego stärken

Sie werden immer wieder von anderen Menschen ausgenutzt? Es fehlt Ihnen an Selbstliebe? Dann sollten Sie dieses Zeichen nutzen, denn es baut Ihr Ego auf.

Es ist in Blau gehalten und bringt Ihnen mehr Zuversicht. Der rote Kern ermöglicht es, an sich selbst zu denken. Rot steht für mehr Energie und weckt Ihre gesunde Selbstliebe und Ihre Spiritualität. Blau hilft Ihnen loszulassen. Die Formen symbolisieren das Empfangen und Erkennen der eigenen Bedürfnisse.

Egoismus abbauen

Dieses Zeichen lässt Sie anderen gegenüber einfühlsamer agieren. Ihr Hang zum Egoismus wird gemildert.

Das Zeichen ist in Blau gehalten und schenkt Ihnen Menschenliebe. Sein rotweißer Kern ermöglicht es Ihnen, Ihr Ego im Zaum zu halten. Die Farbkombination Rot mit Weiß im Zeichen symbolisiert Ihr Ego. Ein gesundes Ego braucht jeder, zu viel Ego kann jedoch zerstören. Die blaue Farbe kühlt Ihr Ego etwas ab. Die angedeutete liegende Acht leitet negative Energien ab und gleicht sie aus.

Eigene Gaben entfalten

Dieses Zeichen hilft Ihnen dabei, alle Gaben, über die Sie verfügen, zur vollen Entfaltung zu bringen.

Es ist in Blau gehalten und hat mit Ihrer goldenen Mitte zu tun. Der rot-weiße Kern ermöglicht es Ihnen, Ihre Gaben anzunehmen und sie zu verwenden. Die Farbkombination aus Rot und Weiß steht für die Reinigung der Seele und für Geduld. Blau hilft Ihnen loszulassen. Die Form des Zeichens aktiviert Ihre Antennen. Dadurch können Sie mehr wahrnehmen.

Ein guter Lehrer sein

Dieses Zeichen wendet sich an alle Lehrer. Damit Sie Ihre innere Weisheit behalten, sollten Sie das Zeichen zur Unterstützung Ihrer Seele verwenden. Lehren ist manchmal eine undankbare Aufgabe. Mit diesem Zeichen können Sie diese Aufgabe aber leicht meistern.

Das Zeichen ist in Rot und Hellbraun gehalten und schenkt Ihnen Mut und Tiefsinn. Der blaue Kern bringt innerlichen Ausgleich. Rot steht zudem für mehr Energie und weckt Ihr spirituelles Denken. Das brauchen Sie als Lehrer. Orange wirkt aufbauend auf Ihre Seele, und Braun dient der Entspannung. Die Formen des Zeichens sammeln neue Energie und schirmen Ihre Ruhe ab. Das Quadrat erneuert Ihre Ideen, die Sie als Lehrer brauchen.

Einsamkeit

Wenn Sie sich einsam fühlen und darunter leiden, sollten Sie mit diesem Zeichen arbeiten. Es beendet die Einsamkeit.

Das Zeichen ist in Creme gehalten und bringt Ihnen neue Freunde. Der rote Kern lässt Sie neue Menschen und Gleichgesinnte kennenlernen. Rot steht für Bewegung und Weiß für die Seele. Demzufolge bringt dieses Zeichen Bewegung in Ihre Seele. Die geschwungenen Formen leiten negative Energien ab und lassen Sie Negatives schneller verarbeiten.

Einzigartigkeit

Sie sind ein besonderer Mensch! Dieses Zeichen macht Ihnen diese Tatsache bewusst.

Es ist in Blau gehalten und schenkt Ihnen die Liebe zu sich selbst. Der orange Kern ermöglicht es Ihnen, die eigene Einzigartigkeit zu erkennen. Orange wirkt immer aufbauend auf die Seele. Blau hilft Ihnen, Ihre Talente und Gaben zu erkennen. Die geschwungene Form leitet negative Energien ab und fokussiert auf das Hier und Jetzt.

Elan

Dieses Zeichen verleiht Ihnen mehr Elan. Wenden Sie es immer dann an, wenn Sie sich mehr Unterstützung wünschen.

Es ist in Weinrot gehalten und bringt Ihnen ungeahnte Kräfte. Der rot-braune Kern ermöglicht es Ihnen, Ihre Energie in die richtige Richtung zu lenken. Rot und Orange stehen beide für mehr Energie, und Braun dient der Entspannung Ihrer Sinne. Die geschwungene Form leitet negative Energien ab. Das Herz steht für eine gute Kommunikation.

Empathie

Dieses Zeichen schenkt Ihnen die Fähigkeit zu mehr Empathie.

Es ist in Braun gehalten und unterstützt Ihren Wachstumsprozess. Der orange-blaue Kern ermöglicht es Ihnen, die Empathie auszuleben. Orange wirkt aufbauend auf Ihre Seele und macht somit auch empathisch. Braun dient der Entspannung Ihrer Sinne und gibt Ihnen Sicherheit. Die geschwungenen Formen leiten negative Energien ab, und die blaue Farbe sorgt für gute Kontakte nach außen, damit Sie Ihre Mitmenschen erreichen.

Empfängnis

Dieses Zeichen kann Frauen mit unerfülltem Kinderwunsch unterstützen.

Es ist in Weinrot gehalten und macht Sie bereit für die Empfängnis. Der rote Kern ermöglicht es, die neue Seele in Ihrem Körper zu empfangen. Es unterstützt Sie auch während einer Schwangerschaft. Gold wirkt lebensbejahend. Neues Leben ist ein Wunder der Natur. Mutter Natur wird im Engel-Alphabet oft durch Grün oder Rot dargestellt. Rot steht für mehr Energie oder auch für das neue Leben. Die geschwungenen Formen erneuern die Energien um Sie herum.

Empfindsamkeit

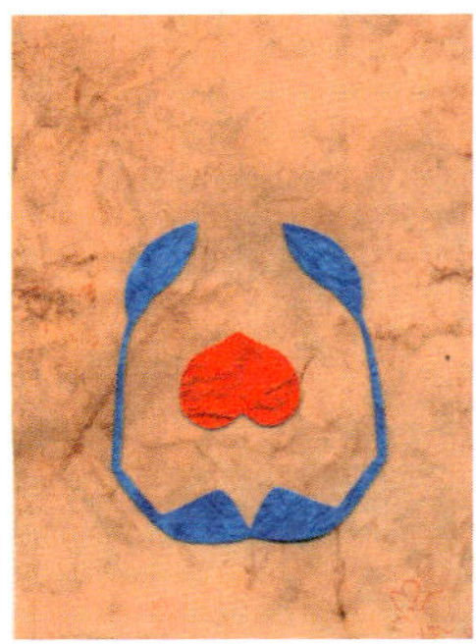

Empfinden Sie Liebe! Dieses Zeichen unterstützt alle Verliebten.

Es ist in hellem Braun gehalten und vertieft Ihre Empfindungen. Der rotblaue Kern ermöglicht es Ihnen, die Gefühle zu verstehen. Im Kern des Zeichens sieht man ein auf dem Kopf stehendes Herz, das von einer geschwungenen Form umarmt wird. Es geht dabei um unsere Empfindung der Welt, die durch die Farben Rot und Blau wieder in Ordnung gebracht wird.

Energie tanken

Dieses Zeichen versorgt Sie mit neuer Energie aus dem Universum. Die Engel lieben Sie und sind immer bereit, Sie energetisch zu unterstützen.

Das Zeichen ist in Orange gehalten und symbolisiert Kraft. Der orange-blaue Kern lässt Sie diese Kraft tanken. Orange bringt Energie in das Sexualchakra, Blau in den Halsbereich. Beide Chakras sind eng miteinander verbunden, daher nähren sie einander. Sie sind auch für neue Energie verantwortlich. Die Form des Zeichens steht für eine bessere Kommunikation und schenkt Ihnen kraftvolle Energie.

Energie übertragen

Dieses Zeichen unterstützt alle, die anderen Menschen durch Handauflegen helfen wollen.

Es ist in Orange gehalten und lässt Energien durch Sie fließen. Der rot-grüne Kern ermöglicht es Ihnen, diese Energie auf ein anderes Wesen zu übertragen. Rot steht dabei für Energieweiterleitung, Orange wirkt aufbauend auf Ihre Seele. Die Formen des Zeichens erneuern die Energien in Ihrer Umgebung. So können Sie beim Handauflegen nicht nur Ihre eigene, sondern auch geistige Energie übertragen.

Energie verteilen

Dieses Zeichen schafft Harmonie, indem es positive Energien in die Aura verteilt.

Es ist in Orange gehalten und bringt Ihnen das Gefühl der Fülle. Der blau-rote Kern ermöglicht es Ihnen, diese Fülle zu verstehen. Rot steht für mehr Energie und Güte. Orange symbolisiert die Ernte. Blau hilft Ihnen, harmonischer zu werden. Die liegende Acht leitet negative Energien ab und gleicht Sie aus. Das Quadrat schützt Ihre Seele vor Menschen, die Sie ausnutzen könnten.

Energiearbeit

Dieses Zeichen unterstützt Sie bei Ihrer Energiearbeit.

Es ist in Orange gehalten und schützt Ihre eigene Energie beim Umgang mit anderen Menschen. Der blau-weiße Kern ermöglicht es Ihnen, Ihre eigenen Energien zu steuern. Orange wirkt aufbauend auf Ihre Aura und ist wichtig für alle, die anderen Menschen oder auch Tieren helfen wollen. Weiß steht für die Reinigung der Seele, und Blau hilft Ihnen, leichter zu kommunizieren. Die geschwungenen Formen stärken zudem die Aura.

Engel befragen

Wollen Sie mit Engeln Kontakt aufnehmen? Dieses Zeichen übermittelt Ihre Wünsche an die himmlischen Wesen.

Es ist in Weinrot gehalten und übermittelt Ihnen Antworten aus der geistigen Welt. Der orange-weiße Kern lässt Sie diese Antworten und Zeichen verstehen. Weinrot steht für die Wünsche und repräsentiert die Engelwelt und die Heiligkeit. Orange wiederum wirkt aufbauend auf Ihre Seele. Das Herz steht für eine gute Kommunikation mit der Engelwelt und für Dank an die geistige Welt.

Engel-Energien

Dieses Zeichen hilft jedem Menschen, indem es ihn schützt. Es lässt uns außerdem verstehen, was Channeling bedeutet.

Das Zeichen ist in Blau gehalten und versorgt Sie mit Engel-Energien. Der rote Kern ermöglicht es, diese Energien und Informationen weiterzugeben. Dieser Engelschutz in Rot und Blau steht für mehr Energie, die aus der Engelwelt transformiert wird. Diese Energie ist jedem Menschen zugänglich und kann von jedem verwendet werden.

Engelkontakte aktivieren

Dieses Zeichen aktiviert Ihren Kanal nach oben und lässt Sie Zugang zu den Engeln finden. Es ermöglicht neben Engelkontakten auch die Kontaktaufnahme mit Verstorbenen.

Das Zeichen ist in Weiß gehalten und bringt Ihnen klare Worte aus der anderen Dimension. Der blau-rote Kern lässt Sie diese Informationen verstehen. Rot, Blau und Weiß sind vollkommen unterschiedliche Frequenzen. In dieser Kombination ergibt sich eine Mischfrequenz, die Ihre Antennen dabei unterstützt, Engelkontakte zu nutzen. Die Formen des Zeichens leiten zusätzlich negative Energien ab und sorgen für Ihre Ausgeglichenheit.

Engelkontakte fördern

Dieses Zeichen unterstützt den Kontakt zu Engeln, indem es einen schon bestehenden Kanal nach oben erweitert. Es ist also für alle gedacht, die bereits mit der geistigen Welt arbeiten.

Das Zeichen ist in Braun gehalten und eröffnet Ihnen neue Kanäle zum Universum. Der rot-orange Kern hilft Ihnen, die Engel direkt zu befragen. Orange wirkt dabei wie eine Antenne, die feine Frequenzen aus der geistigen Welt transportiert. Braun dient der besseren Aufnahme der Informationen. Das Dreieck in der Mitte steht für eine bessere Kommunikation und schenkt Ihnen kraftvolle Energie.

Engel-Licht

Dieses Zeichen fördert die Lichtheilung. Es bringt viel Licht in Ihr Dasein.

Das Zeichen ist in Braun gehalten und gibt Ihnen neue Kraft und Sicherheit. Der orange Kern hilft Ihnen, in Ihrem Leben die Dinge zu erkennen, die Sie weiterbringen. Orange wirkt zudem aufbauend auf Ihre Seele, während Braun der Entspannung Ihrer Sinne dient. Die Form im Zeichen steht für eine gute Kommunikation und schenkt Ihnen kraftvolle Energie.

Engelnamen erfahren

Wenn Sie immer schon den Namen Ihres Engels wissen wollten, sollten Sie mit diesem Zeichen arbeiten. Legen Sie es unter Ihr Bett, und Ihr Schutzengel wird sich Ihnen im Traum zeigen.

Es ist in Braun gehalten und bringt Ihnen die Stimme des Engels näher. Der rote Kern verschafft Ihnen Zugang zum Engelkanal, denn Rot steht in diesem Zeichen für eine gute Verbindung zu Ihrem Schutzengel. Braun dient der Sicherheit und Erdung. Die geschwungene Form leitet Informationen von Ihrem Engel direkt zu Ihnen.

Engelschutz

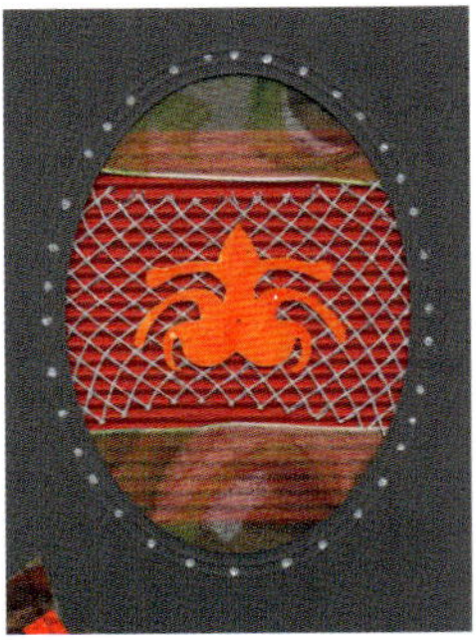

Dieses Zeichen dient Ihrem Schutz in allen Lebenslagen. Die Engel achten auf Sie und umgeben Sie.

Das Zeichen ist in Grau gehalten und vermittelt Ihnen das Gefühl der Sicherheit. Der orange Kern lässt Sie die Flügel der Engel spüren und erfahren. Grün steht für Heilung und die seelische Reinigung, Rot für den Schutz, und Orange wirkt aufbauend auf Ihre Seele. Die Form im Zeichen leitet negative Energien ab und sorgt für Ihre Ausgeglichenheit.

Engelstimmen hören

Wollen Sie lernen, die Engel wahrzunehmen? Dieses Zeichen unterstützt Sie dabei.

Es ist in Orange gehalten und verleiht Ihnen die Fähigkeit zuzuhören. Der rotorange Kern ermöglicht Ihnen, den Kontakt zu Ihren Engeln zu pflegen. Rot steht für Ihre Spiritualität und Orange für Kraft. Die geschwungenen Formen stehen für eine gute Kommunikation mit der Engelwelt.

Engelwissen

Dieses Zeichen verbindet Ihre Seele mit der Akasha-Chronik und mit dem Wissen der himmlischen Wesen.

Es ist in Braun gehalten und bringt Ihnen das Thema Channeln näher. Der rotblaue Kern hilft Ihnen dabei, die Engelbotschaften zu verstehen. Rot steht für Ihre Spiritualität, Braun dient Ihrer Entspannung, und Weiß versinnbildlicht die Reinigung der Seele. Blau hilft Ihnen zu verstehen, dass es Wunder gibt. Zu diesen gehören auch Engel.

Entfaltung der Seele

Dieses Zeichen bringt das zur Entfaltung, was in Ihnen steckt.

Es ist in Weiß gehalten und bringt Ihre Stärken zum Vorschein. Der rot-blaue Kern ermöglicht es Ihnen, Ihre Fähigkeiten auch zu zeigen. Rot steht für Energie und für Potenziale. Blau symbolisiert die Kommunikation, und Weiß steht für die Reinigung der Seele. Die Formen des Zeichens lassen Sie Ihre Gaben finden.

Entscheiden lernen

Dieses Zeichen lehrt Sie, bessere Entscheidungen treffen zu können.

Es ist in Blau gehalten und sorgt für Klarheit im Denken. Der rote Kern ermöglicht es, diese Klarheit in die Tat umzusetzen. Die rot-blaue Farbkombination steht für neue Energie und schnelles Denken. So können Sie rascher richtige Entscheidungen treffen. Die Form versinnbildlicht den Schutz für Ihr Herzchakra.

Entscheidungen treffen

Dieses Zeichen ermöglicht es Ihnen, richtige Entscheidungen zu treffen.

Es ist in Grün-Türkis mit Orange gehalten und lässt Sie leichter auswählen. Grün unterstützt Sie bei Entscheidungen, und Orange wirkt aufbauend auf Ihre Seele. Der Stern erneuert Ihre Realität.

Erfolg

Dieses Zeichen bringt Ihr Herz in Einklang mit Ihrer Seele. Nur so können Sie Erfolge anziehen. Erfolg auf allen Ebenen – das ist das Thema dieses Engelzeichens.

Das Zeichen ist in Gelb gehalten und bringt Sie auf die Erfolgsspur. Der rot-orange Kern lässt Sie die Führung der Engel annehmen. Grün steht für Heilung und die seelische Reinigung. Gelb wirkt lebensbejahend, und die roten Herzen symbolisieren Ihr offenes Herz für die geistige Welt.

Erkenntnisgewinn

Dieses Zeichen führt Sie zu neuen Erkenntnissen.

Es ist in Dunkelbraun gehalten und ermöglicht Ihnen, Ihre Seele zu kontaktieren und Ihre Schutzengel zu hören. Der orange-weiße Kern bringt Licht und Führung in Ihr Leben. Orange und Braun gehören zu Mutter Erde und wirken aufbauend auf Ihre Seele. Weiß steht für die Reinigung und Reinheit der Gedanken und Gefühle. Die geschwungenen Formen leiten negative Energien ab, und das Viereck erneuert die Energie in Ihrer Umgebung.

Erkenntnisse des Universums

Dieses Zeichen verbindet Sie mit dem Universum.

Es ist in Grün gehalten und schenkt Ihnen neue Erkenntnisse und Informationen. Der rote Kern ermöglicht es Ihnen, diese Informationen wahrzunehmen. Grün steht für Heilung und die seelische Reinigung. Rot bedeutet mehr Energie und weckt Ihre Spiritualität. Die Formkombination aktiviert Ihren Kanal nach oben, damit Sie neue Erkenntnisse aus der geistigen Welt empfangen können.

Erwartungen erfüllen

Dieses Zeichen unterstützt Sie dabei, Ihre Erwartungen umsetzen zu können.

Es ist in Braun gehalten und bringt Ihnen geistige Hilfe. Der blaue Kern ermöglicht es, vieles im Leben zu realisieren. Jeder Mensch hat Wünsche oder Erwartungen. Doch gehören übergroße Erwartungen nicht in ein glückliches Leben. Das Zeichen ist daher in Braun dargestellt und dient der Entspannung Ihrer Sinne. Blau hilft Ihnen, falsche Erwartungen loszulassen. Die geschwungenen Formen leiten negative Gedanken ab.

Ewiges Glück

Das Zeichen des ewigen Glücks bringt Ihnen Zufriedenheit.

Es ist in Blau gehalten und erschafft die sogenannte goldene Mitte. Der rote Kern unterstützt Sie dabei, das Leben zu lieben. Rot steht für mehr Energie und Blau für weniger. Diese zwei Antagonisten aktivieren eine ausgewogene Kraft in Ihrer Seele. Die geschwungene Form leitet negative Energien ab.

F

Familienglück

Dieses Zeichen schützt die einzelnen Familienmitglieder und stärkt die Liebe innerhalb einer Familie.

Es ist in Blau gehalten und stärkt Ihre Zuneigung zu jedem Familienmitglied. Der rot-blau-weiße Kern trägt dazu bei, dass Harmonie in der Familie herrscht. Der rote Engel mit dem blauen Herz in der Mitte symbolisiert die Familienliebe. Er gleicht Sie und Ihre Mitmenschen aus. Weiß steht für die Reinigung der Seele und bringt Ihnen Geduld. Der Kreis sammelt Energie von außen und leitet sie an Ihre Seele.

Familiensinn

Dieses Zeichen weckt Ihren Sinn für die Familie.

Es ist in Orange gehalten und bringt Ihnen Kraft. Der rot-blaue Kern ermöglicht es Ihnen, die Kommunikation zwischen den Familienmitgliedern auf ein neues Niveau zu heben. Orange wirkt aufbauend auf Ihre Sinne. Blau hilft Ihnen, Erlebtes loszulassen. Die geschwungenen Formen des Zeichens sorgen für eine gute Kommunikation zwischen Ihrem Geist und Ihrer Seele. So können Sie den Sinn des Geschehens leichter erkennen.

Fantasie

Dieses Zeichen aktiviert Ihre Fantasie.

Es ist in Braun gehalten und regt Ihre Vorstellungskraft an. Der rote Kern verleiht Ihren Gedanken mehr Kraft. Rot steht für ein gesteigertes Denkvermögen, und Braun dient der Verarbeitung des Gedachten. Die geschwungenen Formen leiten negative Energien ab.

Feingefühl

Immer wieder gibt es Spannungen im Leben. Dieses Zeichen hilft dabei, diese durch Feingefühl aufzulösen.

Es ist in Weinrot gehalten und lässt Sie in jeder Situation feinfühliger handeln. Der braune Kern ermöglicht es, die Angelegenheiten gründlich zu analysieren. Braun dient der Entspannung und fokussiert Sie im Jetzt. Weinrot gibt mehr Sicherheit, und Blau ermöglicht es, ins Detail zu gehen. Die geschwungenen Formen des Zeichens gleichen Sie aus.

Finanzen

Dieses Zeichen ist ein Geldzeichen, das Gewinne anzieht.

Es ist in Braun gehalten und versorgt Sie mit Energien, die Gewinne anziehen oder für eine Vermehrung des Geldes sorgen. Im Schamanischen gilt Geld als Energie, die durch das Zeichen in Fluss gebracht werden kann. Der rot-weiß-blaue Kern ermöglicht es Ihnen, diese Energien zu nutzen. Rot steht für mehr Energiefluss, und Braun dient der Sicherheit. Weiß und Blau stehen für Geduld. Die geschwungenen Formen schützen Ihre Finanzen und vermehren sie.

Flexibilität

Dieses Zeichen verhilft Ihnen zu mehr Flexibilität.

Es ist in Weinrot gehalten und bringt mehr Beweglichkeit in Ihr Leben. Der blaue Kern ermöglicht es Ihnen, sich auf verschiedene Situationen einzustellen. Der Farbmix aus Orange, Braun und Blau macht Sie flexibler. Violett und Lila stehen für Intuition und die Spiritualität. Symmetrische Formen grenzen Sie von negativen Energien ab, dadurch können Sie mehr wagen und neue Dinge ausprobieren.

Flugreisen

Dieses Zeichen sollte Sie auf allen Reisen, insbesondere Flugreisen, begleiten. Wenn Sie unter Flugangst leiden, leistet es Ihnen gute Dienste.

Das Zeichen ist in Gold gehalten und macht Ihnen Mut. Der weinrot-orangefarbene Kern verhilft Ihnen zu innerer Ruhe. Gold wirkt lebensbejahend. Rot bringt Unerschrockenheit und Zuversicht. Orange wirkt aufbauend auf Ihre Psyche. Die Formen des Zeichens sichern ab und schützen Ihre Seele vor negativen Energien oder Ängsten.

Freude

Dieses Zeichen sorgt dafür, dass Sie Freude am Leben haben. Es ist für alle geeignet, die schon längere Zeit keine Freude mehr empfinden.

Es ist in Orange gehalten und ermöglicht Ihnen schöne Momente. Der rote Kern konzentriert Ihre Energien auf wichtige Themen. Rot und Orange sind Farben, die Freude wecken. Die Formen des Zeichens stehen für gute Kommunikation und geben Ihnen Kraft.

Freundschaft

Dieses Zeichen zieht neue Menschen in Ihr Leben.

Es ist in Grün gehalten und sorgt für neue Bekanntschaften. Der weiße Kern ermöglicht es, dass Sie diesen Ihr Herz öffnen. Grün steht für die Heilung des Egos und für das Herzchakra. Nur mit offenem Herzen können Sie die richtigen Freunde anziehen. Weiß steht für die Reinigung der Seele, und Blau hilft Ihnen loszulassen. Die symmetrischen Formen schützen Sie vor negativen Energien.

Frieden

Dieses Zeichen befriedet zerstrittene Situationen.

Es ist in Braun gehalten und hilft Ihnen dabei, innere Ruhe und Klarheit zu finden. Der rote Kern unterstützt Sie darin, Frieden mit sich selbst zu schließen. Das rote Herz, umrahmt von einem Kreis mit Ableitungen, ist ein Zeichen des Friedens. Braun dient der Entspannung Ihrer Sinne.

Führungsstärke

Dieses Zeichen verschafft Kontrolle über die eigenen Gedanken und verleiht Führungsstärke.

Es ist in Braun gehalten und bringt Ihnen Stabilität. Der weiß-orange Kern sorgt dafür, dass Menschen Sie hören und Ihnen folgen. Orange ist die Farbe der Lebenskraft, und Braun symbolisiert Erdung und Sicherheit. Um eine bestimmte Situation zu beherrschen, braucht man genau diese Qualitäten. Die geschwungenen Formen leiten negative Energien ab.

G

Gedächtnis stärken

Wir leben in einer Welt der Informationen und vergessen oft wichtige Dinge. Dieses Zeichen kann Sie darin unterstützen, Ihr Merkvermögen zu verbessern.

Das Zeichen ist in Braun gehalten und hilft Ihnen dabei, Wichtiges nicht zu vergessen. Der blau-weiße Kern lässt Sie diese Informationen im Gedächtnis behalten und verwenden. Braun dient der Entspannung und der Erdung. Weiß symbolisiert die Seele, und Blau stärkt die Verbindung zum eigenen Herzen. Der Würfel versorgt Ihr Gedächtnis mit kraftvoller Energie.

Geduld

Dieses Zeichen schenkt Ihnen Geduld in allen Angelegenheiten. So können Sie die Dinge geduldig angehen und im richtigen Moment handeln.

Das Zeichen ist in Orange gehalten und hat einen blauen Kern. Orange wirkt stärkend auf Ihre Geduld, und Blau hilft dabei, die Gedanken zu sortieren. Die geschwungenen Formen leiten negative Gedankenmuster ab.

Gefühle steuern

Dieses Zeichen hilft Ihnen dabei, Ihre Gefühle zu verstehen und zu steuern. In manchen Situationen ist es nötig, die Gefühle zu kontrollieren.

Das Zeichen ist in Weiß gehalten und sorgt für mehr Ausgeglichenheit. Der blaue Kern ermöglicht Ihnen eine Innenschau und lässt Sie Ihre eigenen Emotionen verstehen. Weiß symbolisiert reine Gefühle und Emotionen. Blau hilft Ihnen loszulassen. Die geschwungenen Formen leiten negative Gefühle ab.

Gefühle zulassen

Dieses Zeichen hilft allen, die Angst vor ihren eigenen Gefühlen haben.

Es ist in Weiß gehalten und lässt Sie Ihre Gefühle leben. Der goldene Kern und die Tropfen ermöglichen es, neue Gefühlsebenen zu erkennen und sie zuzulassen. Braun dient der Entspannung Ihrer Sinne. Weiß steht für die reine Gefühlswelt und neue Ideen. Das Herz steht für eine gute Kommunikation, und die symmetrische Form sammelt Kraft und grenzt Sie von negativen Energien ab.

Gefühlswelt

Dieses Zeichen stabilisiert Ihren Gefühlshaushalt.

Es ist in Blau gehalten und löst vorhandene Gefühlsschwankungen auf. Der orange-weiße Kern stabilisiert Ihre Gefühle. Orange schenkt positives Denken und gute Emotionen. Weiß symbolisiert die unbewusste Ebene Ihrer Seele. Blau hilft Ihnen loszulassen. Die Herzen stehen für eine gute Kommunikation und verleihen Ihnen kraftvolle Energie.

Geistiges Wachstum

Dieses Zeichen lässt Ihren Geist wachsen.

Es ist in hellem Braun gehalten und verleiht Ihnen neue Erkenntnisse über sich selbst und Ihre Umwelt. Der blaue Kern lässt Sie diese Erkenntnisse verstehen. Braun dient der Entspannung Ihrer Sinne. Blau hilft Ihnen, sich zu konzentrieren. Die Formen des Zeichens leiten negative Energien ab und sorgen für Ausgeglichenheit.

Gelassenheit und Stärke

Dieses Zeichen bringt Ihnen neue Kraft durch Gelassenheit. Sie lernen, an sich zu glauben.

Es ist in hellem Braun gehalten und entspannt Sie. Der blaue Kern verleiht Ihnen neue Stärke. Braun dient der Entspannung und erdet schnell. Blau hilft Ihnen loszulassen. Die geschwungene Form leitet negative Gedanken ab. So kann man nach einem anstrengenden Tag abschalten und neue Energie tanken.

Geld und Güter

Dieses Zeichen zieht Geld an und schützt die Güter, die Sie bereits besitzen.

Es ist in Orange gehalten und bringt Ihnen neue Frequenzen. Der blaue Kern ermöglicht Ihnen eine gute Planung bei all Ihren Unternehmungen. Orange wirkt geldanziehend und sichert ab. Diese Farbe wird für Geldangelegenheiten daher sehr oft verwendet. Blau hilft Ihnen, die Ideen im Kopf zu ordnen und ohne Eile zu entscheiden. Das Viereck grenzt Sie von Neidern ab. Die symmetrische Form schützt Sie vor negativen Energien.

Genesung von Körper und Seele

Dieses Zeichen lässt Ihre Seele genesen und entspannt Ihren Körper.

Es ist in Blau gehalten und bringt Ihnen Ruhe. Der rote Kern lässt Sie die Genesung energetisch annehmen. Diese Farbkombination steht für mehr Energie und weckt Ihre Vitalität. Die geschwungenen Formen leiten negative Energien ab und ziehen Heilenergie wie eine Antenne an.

Gerechtigkeit

Dieses Zeichen stärkt Ihren Sinn für Gerechtigkeit und lässt Sie stets die richtige Entscheidung treffen.

Es ist in Rot gehalten und schenkt Ihnen neue Energie. Der orange Kern stärkt Ihren Gerechtigkeitssinn und ermöglicht es, dass Sie gute Entscheidungen auch genießen können. Die Farbkombination Rot-Orange steht für die Gerechtigkeit, die Sie selbst erfahren. Die geschwungenen Formen leiten diese in Ihre Aura und unterstützen Sie dabei, Entscheidungen leichter zu treffen.

Geschäftsbeziehungen

Dieses Zeichen unterstützt Geschäftsleute, da es für neue Geschäfte sorgt.

Es ist in Blau gehalten und bringt den Rubel zum Rollen. Der rot-weiße Kern hilft Ihnen dabei, neues Geld anzuziehen. Rot symbolisiert gute Geschäfte und die richtigen Geschäftspartner. Weiß steht für richtige Entscheidungen, und Blau hilft Ihnen, gut zu verhandeln. Die geschwungenen Formen helfen bei der Vermehrung von Geld.

Gesundheit

Dieses Zeichen ist ein Engelsiegel, das Ihrer Gesundheit dient.

Es ist in Braun gehalten und bringt Ihnen Stabilität und Ausgleich. Der orange-blaue Kern ermöglicht es Ihnen, sich schneller zu regenerieren.

Orange wirkt schützend und wärmend auf Ihre Seele. Braun dient der Entspannung, und Weiß steht für die Reinigung. Die Form des Zeichens sammelt Energie und schützt Sie.

Gewinne anziehen

Dieses Zeichen zieht finanzielle und geistige Gewinne an.

Es ist in Türkis gehalten und sorgt dafür, dass Ihnen Gewinne zufließen. Der orange Kern lässt Sie die Gewinne erkennen und annehmen. Türkis steht wie Grün für das Herzchakra. Dieses Chakra hat zwei Themen: Geldanziehung und Genesung. Es hat also mit Ihrer Kraft und gleichzeitig mit Geld zu tun. Das Zeichen aktiviert dieses Chakra und regelt beide Themen. Orange wirkt aufbauend auf Ihre Seele.

Glauben stärken

Dieses Zeichen stärkt Ihren Glauben.

Es ist in Rot-Blau gehalten und lässt Sie vieles mit neuen Augen sehen. Der orange Kern dient der Stärkung des Glaubens. Rot steht für mehr Energie und weckt neue Ideen, an die Sie glauben können. Orange wirkt aufbauend auf Ihre Seele. Blau hilft Ihnen, auf Ihr eigenes Herz zu hören. Die geschwungenen Formen schenken Ihnen kraftvolle Energie.

Glauben wiederfinden

Dieses Zeichen bringt diejenigen zum Glauben, die ihn verloren hatten.

Es ist in Braun gehalten und bereitet dem Glauben einen neuen Boden. Der orange Kern ermöglicht es Ihnen, bestehende Probleme mit neuen Kräften anzupacken.

Orange und Braun schenken Ihnen Geduld mit sich selbst und mit der Umwelt. Die Form des Zeichens sichert zudem ab und sorgt für eine bessere Kommunikation mit den Mitmenschen. Die Hilfe und Zuneigung anderer Menschen warten auf Sie.

Gleichgültigkeit abbauen

Dieses Zeichen bringt mehr Mitgefühl für andere in Ihr Leben.

Es ist in Braun gehalten und hilft Ihnen, Ihre Mitmenschen besser zu verstehen. Der blaue Kern ermöglicht es, Dinge gelassener zu sehen und ruhig anzugehen. Die Braun-Weiß-Farbkombination verbindet Ihr Herz mit Ihrer Seele und steht für Reinigung. Die geschwungenen Formen des blauen Kerns sorgen für einen kühlen Kopf und lassen Sie die Welt erkennen. Manches wird plötzlich interessant.

Glück und Segen

Dieses Zeichen segnet Sie und Ihr Zuhause. Es bringt Glück.

Das Zeichen ist in Weiß gehalten und bringt Ihnen Glück und Freude. Der rotorangefarbene Kern beschert Ihnen schöne Momente. Rot steht für mehr Energie und Orange für Glück. Weiß steht für die Reinigung der Seele und schenkt Ihnen Geduld. Die geschwungenen Formen arbeiten wie Antennen, die das Glück anziehen.

Gnade durch Engelschutz

Dieses Zeichen lässt Sie über Ihre Fehler nachdenken und entsprechend handeln.

Es ist in Blau gehalten und bietet Ihnen die Möglichkeit, sich an die Engel zu wenden. Der rot-weiße Kern lässt Sie Gnade erfahren. Die geschwungenen Formen in Rot und Weiß stehen für Gnade und Schutz. Das Herz steht für eine gute Kommunikation und schenkt Ihnen kraftvolle Energie.

Goldene Mitte finden

Dieses Zeichen gleicht Sie komplett aus.

Es ist in hellem Grün gehalten und lässt Sie Ihre Mitte finden. Der orange Kern ermöglicht es Ihnen, Kraft zu speichern und neu zu verteilen. Grün öffnet Ihr Herzchakra für neue Erfahrungen. Orange wirkt aufbauend auf Ihre Seele. Die geschwungenen Formen erneuern die Energie Ihrer Umgebung und gleichen Ihre männlichen und weiblichen Seelenanteile aus.

Gott

Dieses Zeichen lädt die göttlichen Kräfte zu Ihnen ein.

Es ist in Blau gehalten und bringt Ihnen das Thema Universum sowie die göttlichen Gesetze näher. Der rot-weiße Kern hilft Ihnen, diese Gesetze zu verstehen. Rot steht für mehr Energie und Weiß für die Reinigung der Seele sowie für Gott. Blau hilft Ihnen zu vertrauen. Der Kreis sammelt Energie von außen und leitet sie in Ihre Seele.

Grenzen setzen

Dieses Zeichen setzt Grenzen und lehrt Sie, auch einmal »Nein« zu sagen.

Es ist in Braun gehalten und verleiht Ihnen Mut. Der rote Kern ermöglicht es, sich abzugrenzen. Rot steht für den Mut und die Kraft, die eigene Meinung zu äußern. Braun dient der Entspannung Ihrer Sinne. Die Form des Zeichens ähnelt einem Gitter. Dieses grenzt Sie von negativen Personen und Ereignissen ab.

Grenzen überwinden

Dieses Zeichen sprengt alle Grenzen.

Es ist in Weiß gehalten und lässt Sie Ihre eigenen Grenzen überdenken und handeln. Der rote Kern ermöglicht es Ihnen, das neue Wissen umzusetzen. Rot steht für mehr Energie und die Erweiterung der Sinne. Weiß steht für die Reinigung der Gedanken. Die symmetrischen Formen erneuern die Energie in Ihrer Umgebung und lassen Grenzen fallen.

Großzügigkeit

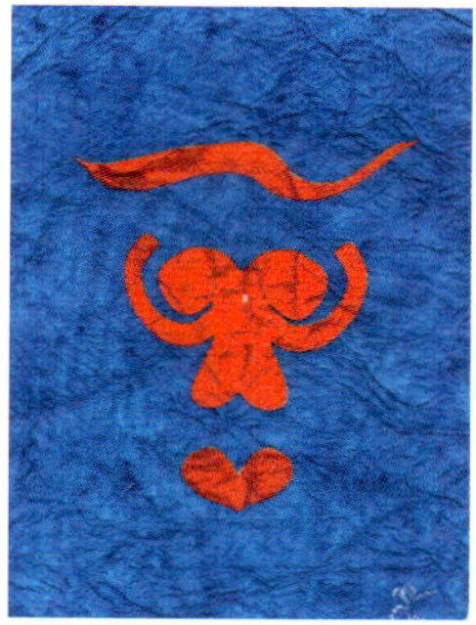

Dieses Zeichen macht Sie bedingungslos großzügig.

Es ist in Blau gehalten und verschafft Ihnen Ruhe. Der rote Kern ermöglicht es Ihnen, großherzig zu sein. Rot steht für mehr Energie und Großzügigkeit. Doch sollten Sie Ihre goldene Mitte behalten, damit Sie nicht ausgenutzt werden. Dafür sorgt der blaue Hintergrund. Die geschwungenen Formen leiten negative Energien ab. Das Herz steht für gute Kommunikation.

Gutes Karma

Dieses Zeichen unterstützt das Abarbeiten des Karmas.

Es ist in Grün gehalten und öffnet das Herz für die karmischen Ursachen von Situationen im Hier und Jetzt. Der weiße Kern ermöglicht es, diese zu verstehen. Grün steht für die Heilung des Karmas, und Gold wirkt lebensbejahend. Weiß steht für die Reinigung der Seele und schenkt Ihnen Geduld. Die geschwungenen Formen leiten negative Energien aus dem Karma ab.

H

Harmonie

Dieses Zeichen sorgt für harmonische Verhältnisse.

Es ist in Blau gehalten und verhilft Ihnen zu geistiger Klarheit. Der rote Kern ermöglicht es, die goldene Mitte leichter zu finden. Rot steht für Herzlichkeit und Weiß für die Seele. Die Seele kann Herzlichkeit tanken und Harmonie erreichen. Blau hilft Ihnen, aus der Seele heraus zu kommunizieren. Die Form des Zeichens lässt Sie alles Negative vergessen.

Harmonische Beziehung

Dieses Zeichen gibt Ihrer Beziehung neue Chancen.

Es ist in Blau gehalten und sorgt für Harmonie. Der rote Kern ermöglicht es, die Liebe in idealer Weise auszuleben. Rot steht für Liebe und Orange für Sexualität. Blau hilft Ihnen, den Partner so anzunehmen, wie er ist, ohne ihn verändern zu wollen. Die geschwungenen Formen leiten negative Energien ab und bringen Klarheit in die Beziehung. Das Herz steht für eine gute Kommunikation.

Heilende Hände

Dieses Zeichen aktiviert die Heilkraft Ihrer Hände.

Es ist in Blau gehalten und gleicht Ihre Handchakras aus. Der rot-orange Kern ermöglicht es Ihnen, die Energie weiterzuleiten. Rot kann die Handchakras, die türkis-blau sind und warmes Rot lieben, schnell aktivieren. Orange wirkt aufbauend, und Blau verteilt Energie. Die geschwungene Form schenkt Ihnen kraftvolle Energie aus dem Universum, die durch Ihre Hände fließen kann.

Heilkraft aktivieren

Dieses Zeichen ist ein beliebtes Heilerzeichen.

Es ist in Blau gehalten und bringt Ihre heilenden Kräfte zum Vorschein. Der rot-orange Kern ermöglicht es Ihnen, die Selbstheilung zu aktivieren und andere Lebewesen zu heilen. Rot steht dabei für den Energieempfang. Orange lässt Sie diese Energie tanken und weiterleiten. Blau schützt Sie. Die geschwungene Form leitet negative Energien ab.

Heilsame Schwingungen

Dieses Zeichen bringt mehr Bewegung in Ihr Leben.

Das Zeichen ist in Grün gehalten und versorgt Sie mit neuen heilsamen Schwingungen. Der rote Kern ermöglicht es, diese Schwingungen anzunehmen. Grün steht für die Heilung des Geistes und die seelische Reinigung. Zudem symbolisiert diese Farbe das Herzchakra und die Schwingung des Herzens. Rot steht für mehr Energie und Bewegung. Die Kombination der Formen sammelt Energie von außen und leitet sie an Ihre Seele weiter.

Heilung

Dieses Zeichen aktiviert Ihre Heilkräfte.

Es ist in Gelb-Grün gehalten und bringt Ihnen neue Energien. Der rote Kern ermöglicht es, diese Energien zur Heilung einzusetzen. Grün steht für die Heilung der Energiehülle (Aura) und regeneriert sie. Gelb wirkt lebensbejahend. Rot steht für mehr Energie und sichert Sie im Leben ab. Die Herzen stehen für eine gute Kommunikation mit der eigenen Seele.

Heilung der Seele

Dieses Zeichen heilt Ihre Seele mithilfe der Engel.

Es ist in Blau gehalten und lässt die Engelenergien zu Ihnen gelangen. Der weiß-orange Kern hilft Ihnen, die Heilprozesse energetisch zu unterstützen. Auch Ihr inneres Kind wird angesprochen. Orange wirkt aufbauend auf Ihr inneres Kind und die unterbewusste Ebene. Einiges wird klarer erscheinen. Weiß steht für die Reinigung der Seele und bringt Ihnen Geduld. Blau hilft Ihnen loszulassen. Die Formen des Zeichens leiten negative Energien ab und gleichen Sie aus.

Hellsichtigkeit aktivieren

Dieses Zeichen aktiviert Ihre Hellsichtigkeit.

Es ist in Blau gehalten und lehrt Sie das Channeln. Der orange Kern lässt Sie die erhaltenen Botschaften verstehen. Orange öffnet Ihre Seele für Engelkontakte. Blau steht für die Engelwelt und für Kommunikation. Die Formen im Zeichen sichern Sie ab und schützen Ihre Seele vor negativen Energien.

Hellsichtigkeit stärken

Dieses Zeichen stärkt Ihre intuitive Gabe und lässt Sie hellsehen.

Es ist in Blau gehalten und schenkt Ihnen neue Einblicke. Der orange Kern lässt Sie neue Informationen empfangen. Orange wirkt wie eine Antenne, und Blau hilft Ihnen, diese Antenne zu nutzen. Die geschwungenen Formen leiten Informationen aus der geistigen Welt zu Ihnen.

Herzenswärme

Dieses Zeichen schenkt Ihnen mehr Herzenswärme und zieht positive Menschen an.

Es ist in Türkis gehalten und unterstützt Sie dabei, mit dem Herzen zu entscheiden. Der orange Kern ermöglicht es Ihnen, menschliche Wärme sowohl zu empfangen als auch zu senden. Türkis steht für Heilung und Empathie. Rot gibt mehr Wärme und stärkt die Kontaktaufnahme mit den Mitmenschen. Der Kreis sammelt neue Energie von außen und leitet sie an Ihre Seele weiter.

Herzlichkeit

Dieses Zeichen bringt Wärme und Liebe in Ihr Herz.

Es ist in Orange gehalten und schenkt Ihnen die Zuneigung der Menschen. Wundern Sie sich nicht, wenn nach der Verwendung des Zeichens neue Menschen in Ihr Leben treten. Der blau-orange Kern ermöglicht einen guten Energieaustausch. Orange wirkt wärmend und aktiviert das Sexualchakra, das Chakra der Lebensenergie. Weiß steht für die Reinigung der Seele, und Blau hilft Ihnen, herzliche Menschen zu erkennen. Die geschwungenen Formen unterstützen die Kommunikation.

Herzöffnung

Dieses Zeichen öffnet Ihr Herz für alles Neue.

Es ist in Rot gehalten und unterstützt Ihr Herzchakra dabei, die neuen Informationen zu empfangen. Der orange Kern kräftigt Ihr Herz und hilft dabei, neue Gefühle zu erkennen. Rot und Orange stehen für mehr Energie und den Empfang von Informationen. Die Form des Zeichens unterstützt die Verarbeitung der Informationen und den Zugang zu den eigenen Emotionen.

Hilfe

Dieses Zeichen bringt helfende Energien in Ihr Leben.

Es ist in Orange gehalten und unterstützt Ihre Vorhaben mit göttlicher Kraft. Der braune Kern lässt Sie diese Hilfe annehmen und Dankbarkeit zeigen. Orange wirkt aufbauend auf Ihre Seele und transformiert kosmische Energie. Braun dient der Entspannung Ihrer Sinne. Die geschwungenen Formen des Zeichens bringen Sie in Bewegung.

Hilfsbereitschaft

Dieses Zeichen aktiviert Ihre Hilfsbereitschaft.

Es ist in Orange gehalten und versorgt Sie mit Kraft und Zuversicht. Der rotblaue Kern ermöglicht es Ihnen, Menschen zu verstehen und zu unterstützen. Sie werden dafür belohnt. Rot und Orange stehen für mehr Energie und wirken aufbauend auf Ihre Seele. Blau hilft Ihnen loszulassen. Die geschwungenen Formen aktivieren Ihre Seele und machen sie bereit, anderen Menschen zu helfen.

Hintergründe erkennen

Dieses Zeichen lässt Sie hinter die Kulissen blicken.

Es ist in Blau gehalten und vermittelt Ihnen neue Überlegungen. Der gold-rote Kern lässt Sie vieles verstehen, was Ihnen bisher unverständlich war. Gold wirkt lebensbejahend und klärend auf Ihre Seele. Rot steht für mehr Energie und weckt Ihre Spiritualität. Blau wirkt verstärkend und lässt Sie analysieren. Die geschwungenen Formen unterstützen diese Analysefähigkeit.

Hoffnung

Dieses Zeichen bringt Hoffnung in hoffnungslos erscheinende Situationen.

Es ist in Braun gehalten und erzeugt Sicherheit. Der rote Kern lässt Sie die Situation mit neuen Augen sehen und macht Sie handlungsfähig. Rot steht für mehr Energie und lässt verlorene Hoffnung wiederkehren. Braun dient der Entspannung, und Weiß steht für die Reinigung der Seele. Der Kreis sammelt Energie von außen und leitet sie an Ihr Herzchakra.

Horizont erweitern

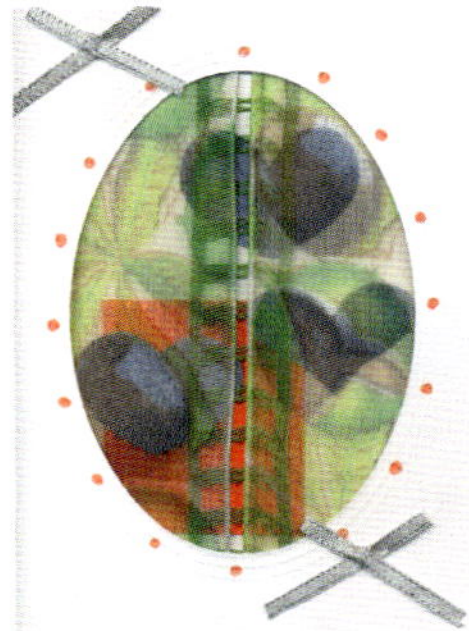

Dieses Zeichen macht Sie offen für neue Sichtweisen.

Es ist in Weiß gehalten und bringt Ihnen Klarheit. Der grüne Kern öffnet Ihr Herzchakra für neue Inhalte. Grün und Weiß stehen für Heilung und die seelische Reinigung. Blau hilft Ihnen, in die Tiefe zu gehen. Die Herzen stehen für eine gute Kommunikation und vermitteln Ihnen kraftvolle Energie und neues Wissen. Das Oval sammelt Energie und schützt Ihre Seele vor Fehlern.

I

Ich-Bewusstsein

Dieses Zeichen weckt Ihr Bewusstsein für das eigene Ich.

Es ist in Weiß gehalten und bringt Ihnen die Erkenntnis, dass Sie der Mittelpunkt Ihres Lebens sind. Der blau-orange Kern macht es möglich, dass Sie sich selbst verstehen und ehren. Orange wirkt aufbauend auf Ihre Seele und erweitert Ihre eigene Lebenskraft. Weiß steht für die Reinigung der Seele und schenkt Ihnen Geduld mit sich selbst. Blau hilft Ihnen, sich ins Hier und Jetzt zu transformieren. Die geschwungenen Formen aktivieren Ihr Denken und lassen Sie erkennen, wer Sie sind.

Ich-bezogener werden

Dieses Zeichen lässt Sie auf gesunde Weise egoistisch sein.

Es ist in Weiß gehalten und bringt Ihnen neue Erkenntnisse über Ihr eigenes Selbst. Der rote Kern ermöglicht es, Harmonie in der Seele zu erschaffen. Rot steht für mehr Anerkennung und aktiviert die Erdung. Wer geerdet ist, wird stabil und entscheidungsfreudig. Orange wirkt aufbauend auf Ihre Seele. Weiß bringt Ihnen Geduld und Vernunft. Die geschwungene Form leitet Ängste ab und aktiviert das Ego.

Ideen

Vieles im Alltag wird zur Routine. Wenn Sie das Gefühl haben, dass es Zeit für neue Ideen ist, leistet dieses Zeichen gute Dienste.

Es ist in Orange gehalten und verleiht Ihnen die Kraft zur Umsetzung Ihrer Vorhaben. Der blaue Kern ermöglicht es, die Ideen ruhig anzugehen und zu realisieren. Orange wirkt immer unterstützend. Diese Farbe aktiviert die verborgenen Schätze in der Seele und bringt neuen Schwung in Ihr Denken. Blau hilft Ihnen, alte Muster loszulassen. Die geschwungenen Formen leiten Zweifel ab.

Ideen kommunizieren

Dieses Zeichen bringt Sie auf Ideen, die Sie gut vermarkten können. Dadurch vermehren sich Ihre Finanzen.

Es ist in Blau gehalten und lässt Sie eine gute Taktik entwickeln. Der rot-weiße Kern ermöglicht es Ihnen, eigene Ideen zu vermarkten, denn diese Farbkombination steht für die Analyse der Ideen. Weiß steht für die Reinigung der Seele und bringt Ihnen Geduld. Blau hilft Ihnen, die Ideen gut zu kommunizieren und so zu vermarkten. Die geschwungenen Formen leiten negative Gedankenmuster ab.

Illusionen abbauen

Dieses Zeichen schärft den Sinn für die Realität.

Es ist in Orange gehalten und verhilft zu einem klaren Blick. Der blaue Kern erleichtert die Planung der Zukunft. Orange wirkt aufbauend und reinigend auf Ihre Seele. Blau hilft Ihnen, sich auf das Wesentliche zu konzentrieren. Die geschwungenen Formen leiten Illusionen und falsche Hoffnungen ab.

Informationen verarbeiten

Dieses Zeichen öffnet Ihr Herz für neue Informationen.

Es ist in Grün mit Braun gehalten und hilft Ihnen, die Informationen, die von außen kommen, mit dem Herzen zu verarbeiten. Der rot-goldene Kern ermöglicht es Ihnen, mehr Informationen aufzunehmen und zu verarbeiten. Grün steht für die Heilung der Herzenergie. Das goldene Herz ist von dieser Energie umhüllt und empfängt mehr als üblich. Das Herz steht für eine gute Kommunikation und gibt Ihnen kraftvolle Energie.

Initiative ergreifen

Dieses Zeichen verleiht Ihnen Mut und bewegt Sie dazu zu handeln.

Es ist in Weiß gehalten und sorgt dafür, dass Sie eine gute Basis für Ihr Handeln haben. Der rote Kern ermöglicht es Ihnen, die Führung zu übernehmen. Rot steht für mehr Energie und lässt Sie Dinge tatkräftig anpacken. Weiß symbolisiert reine Gedanken und die Seele. Die Form im Zeichen steht für eine gute Kommunikation und gibt Ihnen kraftvolle Energie.

Innere Kraft

Dieses Zeichen bringt Ihre verborgenen Kräfte zur Entfaltung.

Es ist in Weiß gehalten und bringt Sie voran. Der rot-blaue Kern ermöglicht es Ihnen, Ihre Kräfte zu entfalten. Rot steht für mehr Energie und Weiß für die Reinigung der Seele sowie für die Unschuld. Genau hier wird die eigene Kraft aktiviert! Blau hilft Ihnen, alles in Ruhe zu überdenken. Die Form im Zeichen steht für eine bessere Kommunikation und schenkt Ihnen kraftvolle Energie.

Innere Ruhe

Dieses Zeichen lässt Sie innere Ruhe finden.

Es ist in Blau gehalten und hilft Ihnen, zu sich selbst zu finden. Der rote Kern ermöglicht es, innere Kraft anzusammeln. Rot steht für Ihre Spiritualität. Weiß steht für die Reinigung der Seele, und Blau hilft Ihnen loszulassen. Das Herz steht für eine gute Kommunikation und verleiht Ihnen eine kraftvolle Energie.

Innere Stimme

Dieses Zeichen ist das Zeichen Ihrer inneren Stimme, dem Ursprung Ihrer Intuition.

Es ist in Braun gehalten und verschafft Ihnen erstklassige Entspannung. Der orange Kern ermöglicht es, in sich hineinzuhorchen. Orange weckt Ihre innere Kraft und Energie, und Braun dient der Entspannung Ihrer Sinne. Die symmetrische Form schützt Sie vor negativen Energien und lässt Sie Ihr Herz hören.

Innere Weisheit

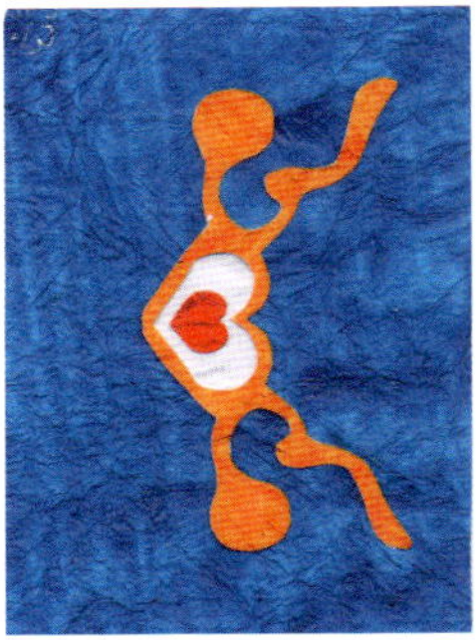

Dieses Zeichen bringt Ihre eigene Weisheit zum Vorschein.

Es ist in Blau gehalten und führt Sie zu guten Entscheidungen, die aus der Seele kommen. Der rot-orange Kern ermöglicht es Ihnen, die Botschaften Ihrer Seele zu verstehen. Rot steht dabei für Elan, und Orange wirkt aufbauend auf Ihre Seele. So können Sie Ihre Intuition immer nutzen, um richtig zu entscheiden. Blau hilft Ihnen, gute Kontakte zu Ihrer Seele zu knüpfen. Die geschwungenen Formen bringen Ihre Weisheit zur Geltung.

Innerer Reichtum

Dieses Zeichen lässt Sie die wahren Schätze im Leben erkennen.

Das Zeichen ist in Weiß gehalten und bringt Ihnen neue Einsichten. Der blaue Kern ermöglicht es, das Leben so zu ordnen, dass unwichtige Dinge eine immer geringere Rolle spielen. Weiß steht für die Reinigung der Seele und unterstützt Sie darin, Ihre eigene Kraft zu entdecken. Blau hilft Ihnen loszulassen. Die geschwungenen Formen sorgen für Ausgeglichenheit.

Inneres Kind

Dieses Zeichen lässt Sie Ihr inneres Kind (Unterbewusstsein) verstehen.

Es ist in Braun gehalten und bringt Sie zu Ihrer Seele. Der orange Kern ermöglicht es Ihnen, das innere Kind zu hören und alte Blockaden und Muster aufzulösen. Orange wirkt aufbauend auf Ihr inneres Kind, und Braun schenkt ihm Ruhe und Sicherheit. Die geschwungenen Formen leiten negative Energien ab.

Intuition

Dieses Zeichen lässt Sie intuitiver handeln.

Es ist in Weinrot gehalten und bringt Ihre Spiritualität zum Vorschein. Der orange Kern ermöglicht es Ihnen, sich diesem Thema intensiver zu widmen. Rot steht für Energie und spirituelles Denken. Orange wirkt aufbauend auf Ihre Seele. Blau hilft Ihnen, Ihre Gedanken und Ihre eigene Meinung auszusprechen. In dieser Kombination stärken die drei Farben Ihre Intuition. Das Herz steht für eine gute Kommunikation und schenkt Ihnen kraftvolle Energie.

Intuitiver werden

Dieses Zeichen lehrt Sie, an sich selbst und Ihre Intuition zu glauben.

Es ist in Weiß gehalten und sorgt für eine seelische Reinigung. Ihre Kanäle nach oben werden geöffnet. Der braune Kern ermöglicht es Ihnen, die eigene Seele zu erkennen und auf ihre Wünsche einzugehen. Rot steht für Schnelligkeit, und Braun dient der Entspannung Ihrer Sinne. Sie können also entspannt weitermachen und Ihrer Intuition vertrauen. Weiß steht für die Reinigung der Seele. Die symmetrischen Formen grenzen Sie von negativen Energien ab.

J

Jenseitskontakte

Dieses Zeichen verbindet Sie mit Verstorbenen und Ihren Ahnen. Es dient als Schlüssel, den Sie zur Kontaktaufnahme brauchen.

Das Zeichen ist in Blau gehalten und hilft Ihnen bei Kontakten zum Jenseits. Der rot-orange Kern lässt Sie die Botschaften empfangen und verstehen. Die Rot-Orange-Kombination wirkt aufbauend auf Ihre Seele. Blau hilft Ihnen, auf dem Boden zu bleiben. Das ist bei der Kontaktaufnahme zum Jenseits sehr wichtig. Die geschwungenen Formen leiten negative Energien ab.

K

Karma bereinigen

Dieses Zeichen hilft Ihnen dabei, Ihr Karma zu verarbeiten und viele seiner Ursachen zu erkennen.

Es ist in hellem Braun gehalten und zeigt Ihnen neue Welten. Der rot-grüne Kern ermöglicht es Ihnen, die Ursachen für Ihr Karma zu verstehen und zu verarbeiten. Grün steht dabei für die Heilung und Rot für mehr Energie. Orange wirkt aufbauend auf Ihre Seele und somit positiv auf die Karmabewältigung. Braun dient der Entspannung und Sicherheit. Das Quadrat erneuert Energie in Ihnen, um alte karmische Muster loszulassen.

Karma verstehen

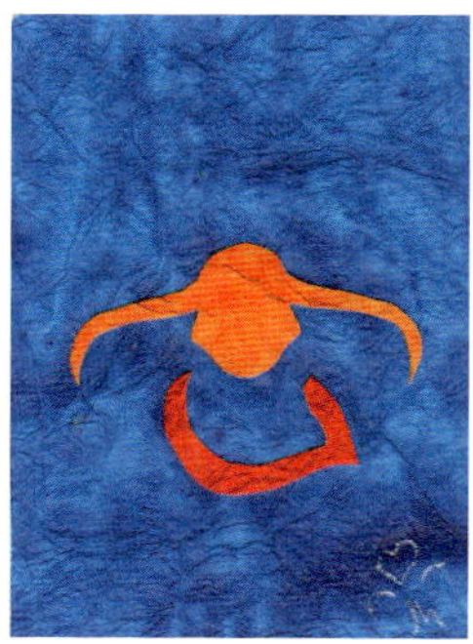

Dieses Zeichen lässt Sie die karmischen Ursachen für Ereignisse in Ihrem Leben verstehen.

Es ist in Blau gehalten und lässt Sie Situationen Ihres Lebens mit anderen Augen sehen. Der rot-orange Kern ermöglicht es Ihnen, Lösungen zu finden. Die Kombination von Rot und Orange steht für den Wurzel-Sexualchakra-Bereich und somit für mehr Karmaverarbeitung, da das Karma in erster Linie in den unteren Chakras liegt. Blau hilft Ihnen, alte Muster loszulassen. Die geschwungenen Formen leiten negative Energien ab.

Kind sein

Dieses Zeichen lässt Sie die Welt mit Kinderaugen sehen. Wie ist sie? Wie funktioniert das Leben? Wozu bin ich da?

Das Zeichen ist in Weiß gehalten und bringt Ihnen Dinge näher, die Sie bisher nicht erkannt oder ignoriert haben. Der rot-blaue Kern ermöglicht es Ihnen, das Neue anzunehmen. Rot steht für Bewegung und Weiß für die Reinheit der Seele. Blau hilft Ihnen, leichter zu kommunizieren, wie ein Kind. Die Herzen stehen für eine gute Kommunikation und verleihen Ihnen eine kraftvolle Energie.

Klarheit

Dieses Zeichen bringt Ihnen die Klarheit, die nötig ist, um gute Entscheidungen zu treffen.

Es ist in hellem Braun gehalten und schützt Ihre Gedanken. Der weiß-rote Kern ermöglicht es Ihnen, klarer zu sehen. Rot reinigt die Grundenergie und den Kopf. Braun schützt. Weiß steht für die Reinigung der Seele und bringt Ihnen Klarheit. Die geschwungenen Formen leiten negative Energien ab, so können Sie die Wahrheit entdecken.

Klarsicht

Dieses Zeichen lässt Sie Kleinigkeiten erkennen.

Es ist in Hellbraun gehalten und bringt Ihnen mehr Klarsicht. Der blaue Kern ermöglicht gesicherte Ansichten. Braun dient der Entspannung Ihrer Sinne. Blau hilft Ihnen, die Gedanken zu konzentrieren. Die Form des Zeichens unterstützt Ihr analytisches Denken.

Klugheit

Klug handeln zu können erleichtert vieles im Leben. Dieses Zeichen unterstützt Sie dabei.

Es ist in hellem Braun gehalten und sorgt dafür, dass Sie Ihre Vorhaben mit Weitblick angehen. Der rote Kern verleiht Elan. Rot steht für Erdung und Zuversicht. Braun lässt nachdenken, und Weiß steht für die Reinigung der Seele und macht Sie geduldig. Die geschwungenen Formen leiten negative Gedanken ab und helfen Ihnen, die richtigen Entscheidungen zu fällen.

Kontaktfreudigkeit

Dieses Zeichen stärkt Ihre Fähigkeit zur Kommunikation mit anderen.

Es ist in Grün gehalten und lässt Ihr Herz sprechen. Der orange Kern öffnet Ihr Herz für Ihre Mitmenschen. Grün steht dabei für die Kommunikation aus dem Herzen heraus, und Orange wirkt aufbauend auf Ihre Seele. Die geschwungene Form und die Herzen schützen vor negativen Energien.

Kontaktpflege

Dieses Zeichen hilft Ihnen dabei, bestehende Kontakte zu pflegen.

Es ist in Orange-Rot gehalten und bringt Sie mit anderen ins Gespräch. Der rote Kern ermöglicht es, spirituell zu handeln. Rot steht für Energie und eine kommunikative Art, Orange wirkt aufbauend auf Ihre Seele. Die geschwungenen Formen sammeln Energie von außen und sorgen für gute Kontakte.

Konzentration

Dieses Zeichen schärft Ihre Gedanken und lenkt sie in die richtige Richtung. So können Sie sich auf das Wesentliche konzentrieren.

Das Zeichen ist in Ocker gehalten und bringt Sie auf gute Ideen. Der blau-weiße Kern ermöglicht Ihnen, diese in die Tat umzusetzen. Braun dient der Entspannung Ihrer Sinne. Weiß steht für die Reinigung der Seele, und Blau hilft Ihnen, Ihre Gedanken zu sortieren. Die geschwungene Form aktiviert Ihren Geist und bringt neue Ideen.

Körper stärken

Dieses Zeichen stärkt Ihre Chakras und dadurch Ihren Körper.

Es ist in Grau gehalten und verleiht Ihnen Stabilität. Der rosa Kern stabilisiert den kompletten Energiehaushalt. Rosa symbolisiert Liebe und Entspannung. Blau hilft Ihnen loszulassen. Grau schützt Sie. So stärkt das ganze Zeichen Ihre Chakras und macht Sie mutig. Die symmetrische Form grenzt Sie von negativen Energien ab.

Kosmischer Schutz

Dieses Zeichen schützt Sie im Alltag.

Es ist in Weiß gehalten und versorgt Sie mit neuen Energien. Der rot-goldene Kern ermöglicht es Ihnen, den Schutz anzunehmen. Gold kommt aus dem Kosmos und entsteht nicht auf Erden. Daher ist diese Farbe als Hauptfarbe gewählt. Rot steht für mehr Energie und weckt Ihre Spiritualität. Weiß symbolisiert die Seele selbst. Die geschwungenen Formen schützen Ihre Seele vor negativen Energien.

Kräftigung

Dieses Zeichen kräftigt Ihren Geist.

Es ist in Dunkelbraun gehalten und schenkt Ihnen Sicherheit und Stärke. Der rote Kern ermöglicht es, innere Kraft zu entfalten. Rot bringt mehr Kraft für den Alltag, und Braun dient der Entspannung Ihrer Sinne. Weiß steht für die Seele und bringt Ausgewogenheit. Das Herz steht für eine gute Kommunikation und gibt Ihnen kraftvolle Energie.

Kreativ sein

Wenn Sie Hemmungen haben, Ihre Kreativität zuzulassen, sollten Sie dieses Zeichen verwenden. Es lässt Sie Ihre Kreativität ausleben.

Es ist in Blau gehalten und bringt Ihre tiefen Gedanken zum Vorschein. Der rote Kern unterstützt Ihre Kreativität. Die rotblaue Farbkombination steht für die ausgewogene Energie, die man braucht, um kreativ zu sein. Die geschwungenen Formen sorgen für Ausgeglichenheit und bringen neue Ideen.

Kreativität

Dieses Zeichen weckt Ihre Kreativität, macht Sie erfinderisch und unterstützt Ihre kreative Ader.

Es ist in Braun gehalten und lässt Sie in die Tiefe der Seele tauchen. Der blauweiße Kern ermöglicht es Ihnen, die geheimsten Ideen zu erkennen. Braun dient der Entspannung Ihrer Sinne und der Konzentration. Weiß unterstützt dabei Ihre kreative Art. Das Dreieck steht für eine verbesserte Kommunikation mit der eigenen Seele. Der Kreis empfängt Ideen, und das Quadrat speichert sie in Ihrem Wesen.

Kritik annehmen

Dieses Zeichen lehrt Sie, gut mit Kritik umzugehen.

Es ist in Braun gehalten und gibt Ihnen Sicherheit. Der orange Kern ermöglicht es Ihnen, aus Kritik zu lernen. Orange wirkt aufbauend auf Ihre Seele und lässt Sie an sich glauben. Braun dient der Entspannung und der Verarbeitung der Informationen. Die geschwungenen Formen leiten negative Energien ab. So können Sie aus der Kritik anderer lernen.

Kritik üben

Dieses Zeichen lehrt Sie, »Nein« zu sagen, kritischer zu werden und Ihre Meinung klar auszusprechen.

Es ist in Blau gehalten und verleiht Ihnen Mut. Der rot-orange Kern lässt Sie Ihre eigene Meinung verteidigen. Rot steht für Bewegung und Power. Orange baut Ihre Seele auf. Blau hilft Ihnen, Ihre Ängste loszulassen. Die Formen im Zeichen erneuern die Energie Ihrer Umgebung.

Kummer und Groll verarbeiten

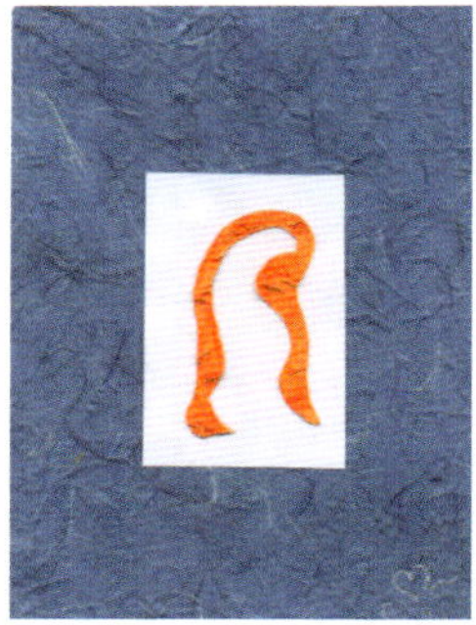

Mithilfe dieses Zeichens können Sie Ihren Kummer besser verarbeiten.

Es ist in Blau gehalten und bringt Ihnen mehr Ruhe und Zuversicht. Der orangene Kern verhilft zu Stabilität. Orange wirkt aufbauend auf Ihre Seele. Weiß steht für Reinigung, und Blau hilft Ihnen, Kummer und Groll loszulassen. Die geschwungene Form reinigt Ihre Seele. Das Viereck sichert Sie im Leben ab, schützt Ihre Seele vor negativen Energien und erneuert die Energie Ihrer Seele.

Kummer und Leid überwinden

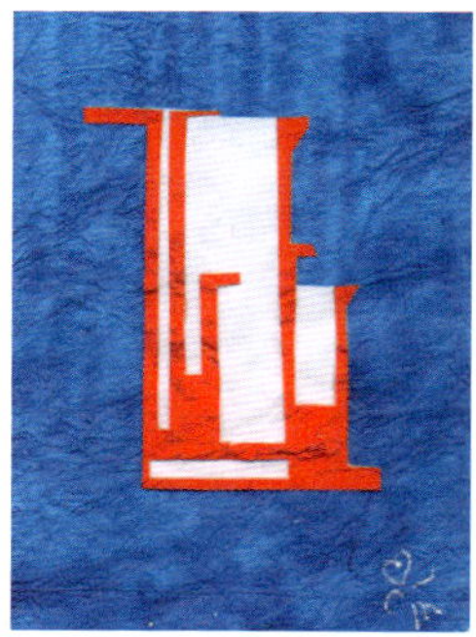

Dieses Zeichen wirkt stark gegen Kummer und Leid, die mit Traurigkeit einhergehen.

Es ist in Blau gehalten und führt Sie aus dem Leiden und der Traurigkeit heraus. Der rote Kern lässt Sie Trauer schneller verarbeiten. Rot bringt neue Gedanken und steht für mehr Energie und das Überwinden von Leid. Weiß symbolisiert die reine, von Trauer befreite Seele. Blau hilft Ihnen, das Erlebte loszulassen. Die Form legt den Fokus auf das Jetzt.

Kunst

Dieses Zeichen steht für die Kunst und unterstützt künstlerische Aktivitäten.

Es ist in Orange gehalten und bringt Ihre künstlerische Ader zum Vorschein. Probieren Sie aus, was Sie vielleicht schon immer versuchen wollten! Der blau-weiße Kern gibt Ihnen neue Impulse und macht vieles möglich. Orange aktiviert Ihre Kreativität, und Weiß schenkt Ihnen Geduld. Blau hilft Ihnen, aus der Seele zu sprechen. Das Viereck sichert Sie im Leben ab und schützt Ihre Seele vor negativen Energien.

L

Lachen

Dieses Zeichen bringt Lachen in Ihr Leben.

Es ist in Türkis gehalten und beschert Ihnen Freude. Der orangefarbige Kern lässt Sie die Dinge lockerer sehen. Grün steht für Heilung und die seelische Reinigung. Orange bringt Lebensfreude. Die geschwungene Form leitet negative Energien ab.

Langeweile

Sie finden das Leben langweilig? Dieses Zeichen ist ein wirksames Mittel dagegen, denn es aktiviert Ihre Fähigkeit, Freude empfinden zu können.

Es ist in Weiß gehalten, lässt Sie klar auf die Dinge blicken und Freude an neuen Beschäftigungen finden. Der goldene Kern ermöglicht es Ihnen, sich an alltäglichen Dingen zu erfreuen. Damit wirkt es gut gegen Langeweile. Braun dient der Entspannung, und Weiß steht für die Reinigung der Seele. Das Herz steht für eine gute Kommunikation und verleiht Ihnen kraftvolle Energie.

Lebensaufgaben

Dieses Zeichen lässt Sie Ihre Lebensaufgaben erkennen.

Es ist in Braun gehalten und vermittelt Klarheit. Der weiße Kern ermöglicht es, die Lebensziele in die Tat umzusetzen. Braun dient der Entspannung Ihrer Sinne und somit dem Erkennen der Themen im Leben. Weiß hilft, geduldig zu sein. Das Herz steht für eine gute Kommunikation. Das Dreieck gibt Ihnen kraftvolle Energie.

Lebensfreude

Dieses Zeichen bringt mehr Freude und schöne Ereignisse in Ihr Leben, denn es hilft Ihnen dabei, den Sinn des Lebens zu erkennen.

Es ist in Türkis gehalten und ermöglicht Ihnen, die kleinsten Details im Leben zu bemerken. Der orange-blaue Kern bringt Harmonie in Ihr Herz. Türkis (Grün) steht für Heilung und die seelische Reinigung und daher auch für gute Freundschaften, die das Herz berühren. Orange wirkt aufbauend auf Ihre Seele, und Blau hilft Ihnen loszulassen. Die Form des Zeichens aktiviert die Freude am Leben, lässt Sie Kleinigkeiten erkennen und gibt Elan.

Lebenslust

Dieses Zeichen aktiviert die Lebenslust, falls sie verloren gegangen ist.

Es ist in Weinrot gehalten und bringt Ihnen mehr Elan. Der blau-orange Kern unterstützt Sie dabei, neue Aufgaben zu finden. Orange wirkt aufbauend auf Ihre Seele. Blau hilft Ihnen, Unlust loszulassen. Weinrot aktiviert die Intuition und die Spiritualität. Die geschwungenen Formen leiten negative Energien ab.

Lebensziele erkennen

Dieses Zeichen lässt Sie Ihre karmischen Ziele erkennen.

Es ist in hellem Braun gehalten und verhilft Ihnen zu mehr Durchblick in Ihrem Dasein. Der orange-blaue Kern ermöglicht es Ihnen, Ihre Ziele nicht nur wahrzunehmen, sondern lässt Sie auch handeln. Orange hilft Ihrer Seele, karmische Wege zu finden. Braun und Blau dienen dem Schutz, den Sie dabei brauchen. Die geschwungenen Formen leiten negative Energien ab.

Lernen und studieren

Dieses Zeichen unterstützt alle Schüler und Studierenden.

Es ist in Blau gehalten und bringt Ihnen Geduld beim Lernen. Der orangefarbige Kern ermöglicht es, das Gelernte in die Tat umzusetzen. Orange wirkt anregend auf das Gehirn, Weiß steht für die Aufnahme der Informationen, und Blau speichert sie. Die geschwungenen Formen gleichen Sie aus und unterstützen Sie bei der Verarbeitung des Neuen.

Licht

Dieses Zeichen bringt Licht in Ihr Leben. Den Engeln zufolge besteht alles aus Licht und lebt durch das Licht.

Das Zeichen ist in Gelb gehalten und sorgt für mehr Licht im Leben. Der grüne Kern beleuchtet die neuen Wege. Rosa und Braun symbolisieren Entspannung, Gelb wirkt lebensbejahend. Das Oval und die geschwungenen Formen sammeln Lichtenergie und schützen Ihre Seele.

Lichtreinigung

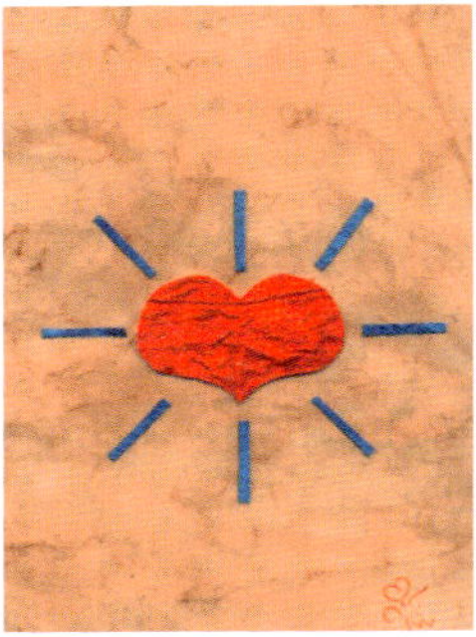

Dieses Zeichen reinigt durch einen Lichtkanal.

Es ist in Hellbraun gehalten und aktiviert die der Seele eigene Energie (Kundalini). Der rote Kern ermöglicht es, diese Kraft zu nutzen. Das rote Herz und die blauen Striche stehen für mehr Energie und Vitalität sowie für die Aufnahme der Lichtenergie aus dem Universum. Braun dient der Entspannung Ihrer Sinne.

Liebe heilt

Dieses Zeichen bringt neue Impulse und heilt mit der Kraft der Liebe. Es ermöglicht, Liebesenergie zu empfangen, die die Selbstheilung aktiviert. Sie lässt alles Negative vergessen.

Das Zeichen ist in Blau gehalten und hat einen rot-orangefarbenen Kern. Rot steht für allumfassende Liebe, Orange wirkt aufbauend auf Ihre Seele. Blau hilft Ihnen, Erlebtes loszulassen. Die Form des Zeichens ermöglicht es, unbeschwert aus dem Herzen heraus zu kommunizieren.

Liebe in die Welt senden

Dieses Zeichen lässt Ihre Liebesenergie in die Welt strömen.

Es ist in Blau gehalten und bringt Ihre Liebe zu den Menschen. Der rote Kern verleiht Ihnen den Mut, auch in schwierigen Situationen liebevoll zu handeln. Gold wirkt lebensbejahend, Rot symbolisiert Liebe, und Blau hilft Ihnen bei der Kommunikation. Die geschwungenen Formen leiten negative Energien ab.

Liebe zulassen

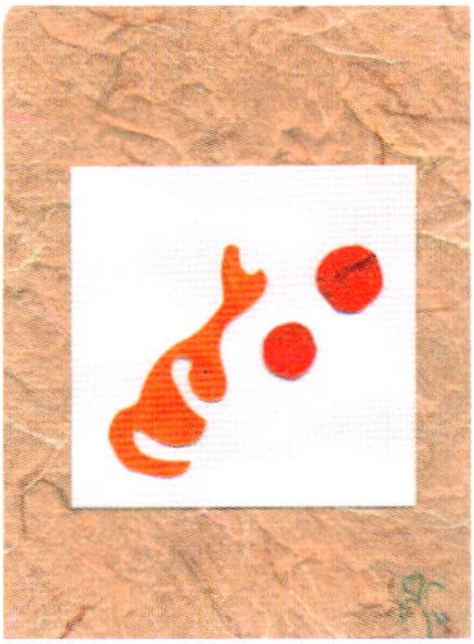

Dieses Zeichen lehrt Sie zu lieben.

Es ist in hellem Braun gehalten und stärkt Ihre Fähigkeit zu lieben. Der rotorangene Kern ermöglicht es Ihnen, die Liebe anderer anzunehmen. Rot steht für Liebe und Zuneigung, Orange bringt mehr Kraft. Braun dient der Entspannung, und Weiß steht für die Reinigung der Seele. Die geschwungenen Formen ermöglichen es, Gefühle zu steuern.

Liebe zum inneren Kind

Dieses Zeichen lässt Sie Ihr inneres Kind, also Ihr Unterbewusstes, lieben.

Das Zeichen ist in Braun gehalten und gibt Ihnen tiefe Einblicke in Ihre Seele. Der blaue Kern ermöglicht es, die Vergangenheit zu verarbeiten. Braun dient der Sicherheit im unbewussten Bereich unserer Psyche, wo das innere Kind lebt. Blau hilft Ihnen, negative Erfahrungen zu verarbeiten. Die geschwungene Form im Zeichen leitet negative Energien ab.

Lieben lernen

Dieses Zeichen lehrt Sie, Liebe zu leben.

Es ist in Blau gehalten und lässt in Ihnen die Einstellung reifen, bedingungslos lieben zu wollen. Der orangefarbene Kern ermöglicht es Ihnen, bedingungslose Liebe zu erlernen. Orange wirkt aufbauend auf Ihre Seele, und Blau hilft Ihnen, die richtigen Worte zu finden. Die geschwungenen Formen öffnen Ihre Seele für Liebe und Gefühle.

Liebende

Dieses Zeichen unterstützt alle Liebenden und festigt ihre Bindung.

Es ist in Gelb gehalten und bringt Ihnen Kraft für die Liebe. Der rosa Kern lässt Sie die Liebe leben. Grün steht für die Heilung des Herzens, und Rosa symbolisiert Liebe. Gelb wirkt lebensbejahend. Das Oval sammelt Energie und schützt Ihre Liebe und die Liebe Ihres Partners.

Liebenswürdigkeit

Dieses Zeichen lässt Sie liebenswürdig handeln und denken. Mithilfe dieses Zeichens lernen Sie zudem leichter neue Sprachen.

Das Zeichen ist in Rot gehalten und legt Ihnen liebevolle Worte in den Mund. Der orangene Kern ermöglicht es Ihnen, diese Worte auch auszusprechen. Rot steht für Stabilität und nährt das Wurzelchakra. Orange wirkt aufbauend auf Ihre Seele. Braun dient der Entspannung und sichert ab. Die symmetrischen Formen lassen Sie liebevoll werden.

Liebevoll sein

Dieses Zeichen beschäftigt sich mit Ihrer Wirkung auf Ihre Mitmenschen. Es unterstreicht Ihr liebevolles Wesen.

Es ist in Rot gehalten und macht es möglich, dass Sie positiv auf Menschen wirken. Der orangene Kern ermöglicht es, aus dem Herzen heraus zu denken und zu handeln. Grün steht für das Herzchakra und Rot für Liebe und Energie. Orange wirkt aufbauend auf Ihre Seele. Die Form des Zeichens erneuert die Energie in Ihrer Umgebung. Das Oval sammelt Energie und schützt Ihre Seele.

Lockerheit

Dieses Zeichen macht Sie lockerer und flexibler.

Es ist in Blau mit Rot gehalten und ermöglicht Ihnen, flexibler zu handeln und manche Grenzen zu vergessen. Rot steht für mehr Energie, und Blau hilft Ihnen loszulassen. Das macht Sie lockerer. Die geschwungenen Formen leiten Ihre Ängste ab und machen Sie flexibel.

Loslassen

Dieses Zeichen unterstützt Ihre Fähigkeit, loslassen zu können.

Es ist in Weiß gehalten und bringt Ihnen mehr Ruhe. Der rote Kern ermöglicht es Ihnen, sich abzulenken und das Alte und Vergangene ruhen zu lassen. Rot steht dabei für Stabilität, Orange ebenfalls. Je stabiler die Seele wird, desto leichter kann man loslassen. Weiß symbolisiert die Reinigung der Seele und bringt Ihnen Geduld. Blau hilft Ihnen, sich neu zu orientieren. Die geschwungenen Formen leiten negative Gefühle ab. Das Herz steht für eine neue Art der Kommunikation.

Lust

Dieses Zeichen bringt Ihnen Lust auf das Leben und Lust zum Handeln.

Es ist in Weinrot gehalten und lässt Sie buchstäblich aufblühen. Der blaue Kern hilft Ihnen, spirituell zu handeln. Rot steht für das Leben und das spirituelle Denken. Blau symbolisiert Mäßigkeit und Ausgleich. Die Form des Zeichens sammelt Energie von außen und leitet sie an Ihre Seele weiter.

M

Magie und Heilung

Dieses Zeichen unterstützt bei der Reinigung nach einer magischen Belastung. Es wirkt wie eine Art Ableiter.

Das Zeichen ist in Hellbraun gehalten und sorgt für positive Energien. Der rote Kern ermöglicht es, die Aura zu schützen. Rot steht für Spiritualität und verbrennt negative Belastungen wie Feuer. Orange baut den Schutz auf, und Braun dient der Entspannung Ihrer Sinne. Das Herz steht für eine gute Kommunikation und die gekreuzte Form für das Karma, das bereinigt wird.

Männlichkeit

Dieses Zeichen unterstützt Ihre männlichen Wesensanteile. Es aktiviert Ihren Mut.

Das Zeichen ist in hellem Braun gehalten und bringt Ihre Männlichkeit zum Vorschein. Der blaue Kern ermöglicht es, diese anderen zu zeigen. Braun verschafft festen Boden unter den Füßen, und Blau hilft Ihnen, mit Bedacht zu handeln. Die symmetrischen Formen grenzen Sie von negativen Energien ab.

Mediale Fähigkeiten

In vielen Menschen schlummern mediale Fähigkeiten, auch wenn es ihnen manchmal gar nicht bewusst ist. Dieses Zeichen bringt diese Fertigkeiten ans Licht.

Es ist in Hellbraun gehalten und leistet all jenen gute Dienste, die als Medium tätig sind. Der rot-orange Kern ermöglicht es Ihnen, die medialen Fähigkeiten zu entfalten. Rot steht für Ihre Spiritualität, Orange wirkt aufbauend, und Braun dient der Entspannung und Erdung. All diese Qualitäten sind nötig, um als Medium zu wirken. Die Formen des Zeichens sammeln Energie von außen und leiten sie an Ihre Seele.

Menschenkenntnis

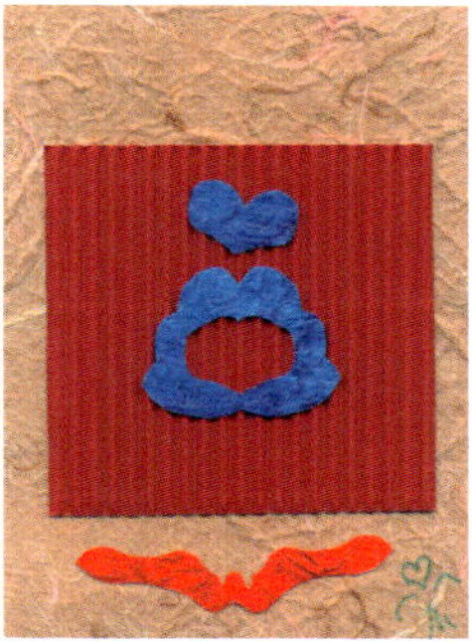

Dieses Zeichen stärkt Ihr Gefühl für andere Menschen.

Es ist in Braun gehalten und verleiht Ihnen die Fähigkeit, Menschen richtig einzuschätzen. Der rot-blaue Kern ermöglicht es Ihnen, intuitiv zu handeln. Rot steht für Erkenntnis, Braun macht Sie sicherer, und Blau hilft Ihnen, besser zu kommunizieren. Das Herz und die geschwungenen Formen geben Ihnen kraftvolle Energie.

Menschliche Nähe

Dieses Zeichen zieht herzliche Menschen in Ihre Nähe.

Es ist in Blau gehalten und schenkt Ihnen Entspannung. Der rote Kern ermöglicht es, menschliche Nähe und Wärme zuzulassen. Rot steht für Energie sowie Elan, und Orange wirkt aufbauend auf Ihre Seele. Blau hilft Ihnen, richtig zu entscheiden, welche Menschen Ihnen guttun. Das Herz steht für eine gute Kommunikation und verleiht Ihnen kraftvolle Energie.

Menschlichkeit

Dieses Zeichen stärkt Ihre Menschlichkeit – selbst Ihren Feinden gegenüber.

Es ist in Rot gehalten und sorgt für Durchblick auch in schwierigen Situationen. Der blaue Kern ermöglicht es Ihnen, menschlich zu bleiben, auch wenn es kaum möglich erscheint. Blau und Weinrot spielen in diesem Zeichen eine gemeinsame Rolle. Sie vertreten den menschlichen Verstand. Die symmetrische Form macht Sie zudem gerecht und analytisch.

Merkfähigkeit

Wer ein schlechtes Gedächtnis oder Probleme damit hat, sich Kleinigkeiten gut zu merken, sollte dieses Zeichen verwenden.

Es ist in Orange gehalten und bringt Sie ins Zentrum Ihres Ichs. Der ebenfalls orange Kern bringt Ihrem Gedächtnis mehr Kraft. Orange steht für mehr Energie und wirkt aufbauend auf Ihre Seele. Die Farbe stärkt auch Ihr Gedächtnis. Die geschwungenen Formen leiten negative Energien ab und ermöglichen volle Konzentration.

Minderwertigkeitskomplexe analysieren

Dieses Zeichen lässt Sie Ihre Fehler erkennen.

Es ist in Weiß gehalten und schenkt Ihnen Weisheit. Der rot-blaue Kern lässt Sie spirituell denken. Die rot-weiße Farbkombination steht für mehr Energie und bringt Ihnen Geduld. Blau hilft Ihnen zu analysieren, um dann eigene Fehler zu korrigieren. Die Form des Zeichens leitet negative Energien ab und gleicht Sie aus. Das Herz steht für eine gute Kommunikation.

Mitgefühl

Dieses Zeichen stärkt Ihr Mitgefühl.

Es ist in Grün gehalten und bringt Ihr Herz zum Sprechen. Der blau-orange Kern ermöglicht es Ihnen, andere Menschen zu verstehen. Grün steht für die Heilung des Herzens, besonders wenn es von jemandem verletzt wurde. Rot steht für Liebe und Gefühle. Orange wirkt aufbauend, und Blau hilft Ihnen zu entscheiden. Die Formen des Zeichens stehen für eine bessere Kommunikation und geben Ihnen kraftvolle Energie. Im Gegensatz zum Zeichen »Empathie« stärkt dieses Zeichen Ihr Mitgefühl für andere, anstatt Mitleid mit ihnen zu empfinden.

Mitteilungen der geistigen Welt

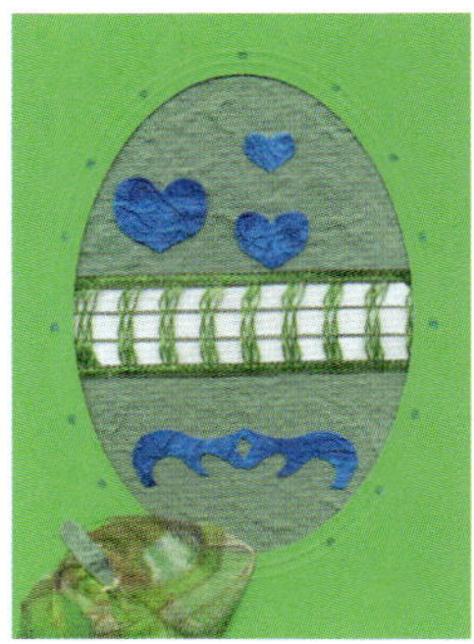

Dieses Zeichen ist ein Channel-Zeichen.

Es ist in Grün gehalten und öffnet den Kanal zur geistigen Welt. Der weiße Kern ermöglicht es, Informationen zu empfangen. Grün steht für das Herzchakra, das beim Channeling eine sehr wichtige Rolle spielt. Weiß steht für die Reinigung der Seele und Blau für Kommunikation. Die Herzen geben Ihnen kraftvolle Energie. Das Oval sammelt Energie und schützt Ihre Seele.

Mondenergie

Dieses Zeichen lässt Ihre weiblichen Wesensanteile sprechen.

Es ist in Weiß und Gold gehalten und verstärkt Ihre Intuition. Der rote Kern ermöglicht es Ihnen, Ihre eigenen Antennen zu nutzen. Gold wirkt lebensbejahend. Rot gibt Kraft. Weiß steht für die Reinigung und die weiblichen Aspekte der Seele. Die geschwungenen Formen ermöglichen es, die Welt »weicher« und gelassener zu sehen.

Mut

Dieses Zeichen verleiht Ihnen Mut und macht Sie gleichzeitig zuversichtlich.

Es ist in Blau gehalten und bringt Ihnen Ruhe. Der rote Kern ermöglicht es Ihnen, schnell und mutig zu handeln. Rot steht für mehr Energie, Weiß für die Reinigung, und Blau hilft Ihnen loszulassen. In diesem Zusammenklang bewirken die Frequenzen der Farben eine Transformation der Seele. Die Formen schenken Ihnen kraftvolle Energie.

Mutterliebe

Dieses Zeichen ist ein starkes Zeichen für Mütter. Es hilft auch Frauen, die Schwierigkeiten damit haben, ihr Kind anzunehmen.

Es ist in Türkis gehalten und lässt Ihr Herz aufgehen. Der orange Kern stärkt die Mutterliebe. Türkis steht für die Heilung des Herzens, und Orange wirkt aufbauend auf Ihre Seele. Die geschwungenen Formen leiten negative Gedanken ab und aktivieren die Liebe in Ihnen.

N

Nachdenken

Dieses Zeichen bringt Sie zum Nachdenken.

Es ist in Grün gehalten und lässt Ihre Seele sprechen. Der rot-orange Kern regt Ihre Gehirntätigkeit an. Grün steht für Heilung und für die Seele. Rot steht für mehr Energie, und Orange wirkt aufbauend auf Ihre Seele. Die Formen des Zeichens lassen Ihre Seele sprechen. Das Quadrat sichert Sie im Leben ab und schützt Ihre Seele vor negativen Energien. Das grüne Band steht für den eigenen Lebensweg.

Neuanfang

Dieses Zeichen gibt Ihnen den Mut zu einem Neustart.

Es ist in Orange gehalten und schenkt Ihnen die Kraft, die für einen Neuanfang nötig ist. Der blau-weiße Kern ermöglicht es Ihnen, das Neue anzunehmen und in die Tat umzusetzen. Orange gibt Kraft und macht etwas frecher, und Weiß steht für die Reinigung der Seele. Blau hilft Ihnen, das Alte los- und das Neue zuzulassen. Die Form des Zeichens leitet negative Energien ab und sorgt für Ausgeglichenheit.

Neue Beziehung

Dieses Zeichen unterstützt neue Beziehungen. Es hilft auch Frauen mit Kinderwunsch.

Es ist in Braun gehalten und bringt Ihnen Sicherheit und Erdung. Der blaue Kern ermöglicht es, neues Leben zu zeugen. Braun dient der Entspannung und der Bereitschaft für das Neue. Blau hilft Ihnen, in Kommunikation zu gehen, um sich mehr zu erlauben. Die geschwungenen Formen leiten alte Bedenken oder Ängste ab.

Neue Erkenntnisse

Sie sind auf der Suche nach neuen Erkenntnissen? Dieses Zeichen lässt Sie neue Realitäten erkennen.

Es ist in der Herzchakra-Farbe Grün gehalten und bringt Ihr Herz zum Schmelzen. Der rot-blaue Kern lässt Sie das neue Wissen aufnehmen und verwerten. Grün steht für die Heilung des Herzens und daher für die Kraft, Neues anzunehmen. Braun dient der Entspannung Ihrer Sinne. Das blaue Herz steht für einen kühlen Kopf. Die geschwungenen Formen leiten negative Energien ab. Die Schleife ähnelt einem Schmetterling und bedeutet die Transformation der Seele und glückliche Momente.

Neue Ideen verfolgen

Es gibt immer wieder Zeiten, in denen man Neues beginnen sollte. Dieses Zeichen bringt Ihnen goldene Ideen.

Es ist in Hellbraun gehalten und unterstützt Ihre Vorhaben mit neuer Kraft. Der rote Kern macht es möglich, neue Ideen zu verwirklichen. Rot steht für mehr Energie, und Braun dient der Sicherheit. So können Ideen Gestalt annehmen. Weiß steht für die Reinigung der Seele und schenkt Ihnen Geduld. Die geschwungenen Formen erneuern Ihre Seele.

Neue Wege beschreiten

Dieses Zeichen hilft Ihnen, Ihr Leben zu sortieren und neu zu organisieren.

Es ist in Orange gehalten und lässt Sie neue Wege erkennen. Der blau-braune Kern ermöglicht es Ihnen, diese Wege zu beschreiten. Braun dient der Entspannung Ihrer Sinne. Blau hilft Ihnen, das Alte loszulassen. So können Sie sich auf das Neue einlassen. Die geschwungenen Formen gleichen Sie aus. Das Quadrat sichert Sie ab und schützt Ihre Seele vor negativen Energien.

Neue Wege erkennen

Dieses Zeichen lässt Sie neue Wege erkennen.

Es ist in Weinrot gehalten und bringt Ihnen neue Einsichten näher. Der blaue Kern gibt Ihnen den Mut für das Neue. Orange macht Sie mutig und neugierig. Blau hilft Ihnen zu überlegen. Weinrot steht für Intuition und Spiritualität. Die geschwungenen Formen des Zeichens lassen Sie handeln und entscheiden.

Neuer Lebensabschnitt

Dieses Zeichen unterstützt Sie bei allen Umbrüchen im Leben.

Es ist in Grau gehalten und vermittelt Ihnen Sicherheit. Der rote Kern bringt Ihnen Kraft und Zuversicht. Rot steht für neue Wege, und Blau hilft Ihnen loszulassen. Die Formen des Zeichens stehen für eine bessere Kommunikation und geben Ihnen kraftvolle Energie für Ihre Zukunft. Die Schleife symbolisiert auch hier einen Schmetterling, der für die Transformation der Seele steht und Bewegung darstellt.

Neuorientierung

Dieses Zeichen unterstützt neue Ideen und Geschäfte.

Es ist in Weinrot gehalten und verleiht Ihnen die Kraft zum Anpacken. Der weiße Kern ermöglicht die schnelle Umsetzung Ihrer Pläne. Weiß steht für die Reinigung der Seele, und Blau hilft Ihnen loszulassen. Weinrot gibt Ihnen Sicherheit. Die geschwungenen Formen lassen Sie neue Wege erkennen.

O

Öffnung des Herzens

Dieses Zeichen öffnet Ihr Herz für die Menschen in Ihrer Nähe, denen es nicht gut geht.

Es ist in Blau gehalten und aktiviert Ihre Liebe zu Ihrer Umwelt. Der rote Kern ermöglicht es Ihnen, durch Liebe zu heilen. Rot steht für mehr Energie und Weiß für die Reinigung der Seele. Blau hilft Ihnen, auf das eigene Herz zu hören. Die Herzen stehen für eine gute Kommunikation. Dieses Zeichen hat eine ähnliche Wirkung wie das Zeichen »Herzöffnung«, hilft jedoch eher komplett verschlossenen Menschen.

Opferbereitschaft

Dieses Zeichen schafft Harmonie in Ihrem Herzen.

Es ist in Blau-Rot gehalten und reduziert Ihre Opferbereitschaft auf die goldene Mitte, damit Sie nicht nur für alle anderen, sondern auch für sich selbst etwas tun können. Rot steht für Stabilität im Leben, und Blau hilft Ihnen, übermäßige Opferbereitschaft loszulassen. Die Form leitet negative Energien ab und gleicht Sie aus.

Opferbereitschaft reduzieren

Dieses Zeichen reguliert Ihre Opferbereitschaft.

Es ist in Blau gehalten und wendet sich direkt an Ihr Herz. Der rot-orangene Kern ermöglicht es Ihnen, Menschen zu lieben und ihnen zu helfen. Rot steht für Opfer, und Orange wirkt aufbauend auf Ihre Seele. Blau hilft Ihnen dabei, die übergroße Bereitschaft, sich aufzuopfern, loszulassen. Die geschwungenen Formen leiten negative Energien ab.

Optimismus

Dieses Zeichen stärkt optimistische Impulse.

Es ist in Orange gehalten und verhilft Ihnen zu einer ungewöhnlich positiven Einstellung. Der blau-weiße Kern ermöglicht es Ihnen, auch im Negativen Positives zu erkennen. Orange ist die Farbe der Optimisten und wirkt aufbauend auf Ihre Seele. Weiß steht für die Reinigung der Seele, und Blau für das Loslassen alter Muster. Die symmetrischen Formen lassen Sie das Positive im Leben entdecken.

Ordnung schaffen

Sollte etwas in Ihrem Leben außer Kontrolle geraten sein, schafft dieses Zeichen wieder Ordnung.

Es ist in Türkis (Grün) gehalten und bringt innere Ruhe. Der blau-orange-rote Kern ermöglicht es Ihnen, sich Situationen vor Augen zu führen. Türkis steht für die seelische Reinigung und für Schutz. Die zwei miteinander verbundenen Herzen in Rot und Orange repräsentieren die goldene Mitte. Diese braucht man, um Ordnung in der Seele herzustellen.

P

Partnerschaft

Dieses Zeichen unterstützt »eingeschlafene« Ehen und Beziehungen.

Es ist in Blau gehalten und verhilft Ihnen zur Erkenntnis, dass Ihr Partner Ihre Wahl gewesen ist und nur Sie die Verantwortung dafür tragen, dass die Zweisamkeit funktioniert. Der rot-orange Kern ermöglicht mehr Verständnis für die Wünsche des Partners. Rot und Orange stehen für mehr Energie in der Beziehung. Orange wirkt aufbauend auf Ihre Seele. Blau hilft Ihnen, den Partner zu verstehen. Die Herzen stehen für eine gute Kommunikation und geben Ihnen kraftvolle Energie. Die geschwungenen Formen leiten negative Energien ab.

Pläne realisieren

Dieses Zeichen lässt Ihre Vorhaben in Erfüllung gehen.

Es ist in Ocker (Braun) gehalten und entspannt Ihre Seele. Der blaue Kern hilft Ihnen dabei, längst Gewünschtes endlich in die Tat umzusetzen. Braun dient der Entspannung und steht für Mutter Erde. Diese Farbe schützt Sie im Alltag und bringt Vernunft. Blau hilft Ihnen, die richtigen Entscheidungen zu treffen und das Wesentliche zu verstehen. So können Sie Ihre Gedanken leichter sortieren. Die geschwungenen Formen leiten negative Gedanken und Ängste ab.

Pläne schmieden

Dieses Zeichen hilft Ihnen, neue Pläne zu schmieden.

Es ist in Grün gehalten und bringt Ihnen neue Ideen, die zu finanziellen Zuwächsen führen. Der orange Kern unterstützt Ihre Vorhaben. Grün steht für das Herzchakra, weshalb die Farbfrequenz wichtig ist, um aus dem Herzen entscheiden zu können. Orange wirkt aufbauend auf Ihre Seele. Die geschwungenen Formen erneuern die Energie in Ihrer Umgebung und unterstützen Ihre kreative Phase.

Positive Schwingungen

Dieses Zeichen schenkt Ihnen neue Energie.

Es ist in Orange gehalten und verleiht Ihnen neue Kräfte. Der rot-blaue Kern ermöglicht es Ihnen, diese Schwingungen und Kräfte anzunehmen und in der Seele zu speichern. Rot und Orange stehen für Wärme und mehr Energie. Blau hilft Ihnen, in die neue Schwingung zu kommen. Die Formen des Zeichens bringen zudem Leichtigkeit und Vernunft.

Positive Wirkung

Dieses Zeichen lässt alles in neuen Farben erscheinen.

Es ist in Rot gehalten und verleiht Ihnen die Fähigkeit, positiv auf die Umgebung zu wirken. Der grüne Kern ermöglicht es Ihnen, aus dem Herzen zu handeln. Grün steht für Heilung und die seelische Reinigung. Rot symbolisiert ein Mehr an Liebe und Zugänglichkeit. Weiß steht für Geduld und Weisheit. Die Dreiecke stehen für eine bessere Kommunikation und verleihen Ihnen eine kraftvolle Energie.

Positives Denken

Dieses Zeichen hilft Ihnen, die positiven Dinge im Leben zu erkennen.

Es ist in Braun gehalten und bringt Ihnen eine positive Einstellung. Der orangefarbene Kern ermöglicht es Ihnen, Gutes im Leben anzuziehen. Rot steht für die Bejahung des Lebens. Orange stärkt Ihr positives Empfinden dieser Welt. Braun dient der Entspannung Ihrer Sinne, und die geschwungene Form leitet negative Energien ab.

Provokationen

Dieses Zeichen schützt Sie vor Provokationen.

Es ist in Braun gehalten und bringt Ihnen Stabilität. Der rot-orange Kern ermöglicht ein sicheres Dasein. Rot steht für Charakterstärke, und Orange unterstützt Ihre Seele. Braun dient der Entspannung Ihrer Sinne. Die geschwungenen Formen leiten negative Energien ab.

Prüfungen

Dieses Zeichen unterstützt Sie bei Prüfungen.

Es ist in hellem Braun gehalten und bringt das Gelernte zum Vorschein. Der rot-orange Kern ermöglicht es Ihnen, die Informationen aus dem Unterbewussten abzurufen. Grün steht für die Heilung des Herzens und wirkt gegen Ängste. Rot und Orange stehen für mehr Energie und die Fähigkeit zur Analyse. Braun dient der Entspannung Ihrer Sinne bei Prüfungen. Die geschwungenen Formen leiten negative Gedanken ab. Das Herz steht für eine gute Kommunikation und schenkt Ihnen eine kraftvolle Energie.

R

Realität erkennen

Dieses Zeichen holt Sie wieder auf den Boden der Tatsachen zurück, falls Sie zu stark abgehoben haben sollten und nicht mehr wissen, wo Sie stehen.

Das Zeichen ist in Orange gehalten und bringt Ihnen Zuversicht. Der rotblaue Kern stärkt Ihr Einschätzungsvermögen. Rot und Orange wirken aufbauend auf Ihre Seele. Weiß steht für die Reinigung der Seele und bringt Ihnen Geduld. Blau hilft Ihnen, das Hier und Jetzt zu erkennen. Die geschwungenen Formen leiten negative Energien ab.

Reichtum

Dieses Zeichen zieht Geld und Anerkennung an.

Es ist in Gelb gehalten und unterstützt Reichtum materieller und ideeller Art. Der orangefarbene Kern ermöglicht es, den eigenen geistigen Reichtum zu erkennen. Grün steht für Geld und Anerkennung. Gelb wirkt lebensbejahend. Orange wirkt aufbauend auf Ihre Seele. Das Herz steht für eine gute Kommunikation und gibt Ihnen die kraftvolle Energie, um Geld zu verdienen. Das Blau steht für den Halsbereich und somit für eine bessere Kommunikation. Wenn Sie Ihre Ideen aussprechen, können Sie die finanzielle Lage leichter steuern.

Rein sein

Dieses Zeichen unterstützt Sie darin, sich richtig zu entscheiden, und dient damit der Reinigung der Zukunft.

Es ist in Braun gehalten und sichert Sie für die Zukunft ab. Der rot-braune Kern ermöglicht es Ihnen, in der Seele rein zu bleiben. Braun dient der Entspannung Ihrer Sinne. Weiß steht für die Reinigung der Seele und macht Sie geduldig. Die Form des Zeichens sammelt Energie und sichert Sie ab.

Reinigung der Seele

Dieses Zeichen reinigt Ihre Seele von negativen Gedanken und Gedankenmustern, es unterstützt also die Verarbeitung der Vergangenheit.

Es ist in Grün gehalten und richtet das Herzchakra neu aus. Der orange-goldene Kern ermöglicht die gründliche Reinigung des Geistes. Grün steht für Heilung und die seelische Reinigung. Gold wirkt lebensbejahend und steht für den Kosmos. Orange wiederum wirkt aufbauend auf Ihre Seele. Die geschwungenen Formen erneuern Ihre eigene Energie. Die rote Schleife unterstützt die Erdung und gibt Sicherheit.

Reinigung und Schutz

Dieses Zeichen bereinigt und sortiert Energien, reinigt also die Gegenwart.

Es ist in hellem Braun gehalten und bringt Ihnen Schutz. Der rote Kern ermöglicht es, alles Negative zu beseitigen und die Energien in Ihrer Umgebung ins Gleichgewicht zu bringen. Rot und Braun dienen dem Schutz und der Entspannung Ihrer Sinne. Weiß steht für die Reinigung der Seele. Die Formen schenken Ihnen kraftvolle Energie.

Reisen

Dieses Zeichen schützt Sie auf Reisen aller Art.

Es ist in Braun gehalten und spricht Ihren Schutzengel direkt an. Der orange-blau-weiße Kern sichert Sie ab. Orange wirkt aufbauend auf Ihre Seele. Braun dient dem Schutz. Weiß steht für die Seele, und Blau hilft Ihnen, aus dem Herzen zu entscheiden. Das Dreieck gibt Ihnen kraftvolle Energie für Ihre Reise.

Richtig entscheiden

Dieses Zeichen lässt die richtigen Wege erkennen.

Es ist in Orange gehalten und stärkt Ihre Entscheidungskraft. Der braune Kern schärft Ihre Sinne für das Neue. Orange gibt Elan, und Braun schützt. Die geschwungenen Formen erneuern Ihre eigene Energie und machen Sie experimentierfreudig. Die rote Schleife sorgt für Erdung und Sicherheit.

Risiken

Dieses Zeichen schützt vor Risiken.

Es ist in Orange gehalten und bringt Ihnen Klarheit. Der rote Kern ermöglicht es, klare Gedanken beizubehalten. Das rote Kreuz steht für mehr Schutz, und Orange wirkt aufbauend auf Ihre Seele. Das rote Herz steht für eine gute Kommunikation. Das blaue Dreieck verleiht Ihnen kraftvolle Energie.

Rituale

Dieses Zeichen unterstützt bei Ritualen und schützt vor magischen Angriffen. Es hilft allen, die mit magischen Kräften arbeiten.

Das Zeichen ist in Grün gehalten und sorgt für ausreichend Schutz. Der weißblaue Kern lässt alles Negative abblitzen. Grün schützt das Herzchakra, und Orange wirkt aufbauend auf Ihre Seele. Braun dient der Entspannung Ihrer Sinne. Weiß steht für die Reinigung der Seele, und Blau hilft Ihnen, sich zu konzentrieren. Die symmetrischen Formen grenzen Sie von negativen Energien ab, was bei Ritualen sehr wichtig ist. Die rote Schleife schenkt Ihnen gute Erdung und Sicherheit.

Romantik

Es gibt Beziehungen, die man als »eingeschlafen« bezeichnen könnte. Wenn Sie eine solche führen, sollten Sie das folgende Zeichen verwenden.

Es ist cremefarbig und bringt neue Impulse und Romantik in Ihre Beziehung. Der rot-blaue Kern schenkt zudem mehr Verständnis für diese Situation. Das rote Herz steht für mehr Energie und weckt Ihre Spiritualität. Creme steht für die Reinigung der Seele und macht Sie in den Augen des anderen interessanter. Die geschwungenen Formen leiten negative Energien ab und verhelfen zu guter Kommunikation und kraftvoller Energie.

Ruhe und Gelassenheit

Sollte es Ihnen an Gelassenheit und Ruhe fehlen, nutzen Sie doch einmal dieses Zeichen. Seine Frequenz lässt Sie Ihre goldene Mitte finden, wodurch Sie ruhig und gelassen werden.

Das Zeichen ist in Braun gehalten und bewirkt eine Art meditativer Entspannung. Der orangene Kern ermöglicht es Ihnen abzuschalten. Orange und Braun wirken in dieser Kombination als Antagonisten und gleichen Ihre Seele aus. Die geschwungenen Formen bringen Ihre Gedanken zur Ruhe und sorgen so für Entspannung.

S

Schamanismus

Dieses Zeichen unterstützt die Arbeit mit Naturgeistern.

Es ist in Orangebraun gehalten und schenkt Ihnen die Fähigkeit, die Elemente der Natur zu verstehen. Der blaue Kern ermöglicht es, schamanisch zu arbeiten und die Welt mit den Augen eines Schamanen zu sehen. Braun dient der Sicherheit bei schamanischen Vorgängen. Weiß schützt die Seele, und Blau hilft Ihnen loszulassen. Die geschwungenen Formen leiten negative Energien ab.

Schmerz verarbeiten

Dieses Zeichen lässt Sie die Ursachen Ihres Schmerzes erkennen.

Es ist in Orange gehalten und verschafft Ihnen Erkenntnisse über Ihre Leiden. Der rote Kern ermöglicht es, den Schmerz zu verarbeiten. Rot und Orange stehen für mehr Energie. Braun dient der Entspannung Ihrer Sinne. Durch die Entspannung können Sie die Schmerzen loslassen. Die geschwungenen Formen leiten negative Energien ab.

Schmerzen lindern

Dieses Zeichen lindert durch seine Frequenz seelische und körperliche Schmerzen.

Es ist in Türkis gehalten und sorgt für energetischen Ausgleich. Der rot-orange-blaue Kern ermöglicht das Loslassen. Türkis steht für Heilung und die seelische Reinigung. Rot steht für mehr Energie und weckt Ihre Spiritualität. Orange wirkt aufbauend auf Ihre Seele. Blau hilft Ihnen loszulassen. Die Herzen geben Ihnen kraftvolle Energie.

Schönheit

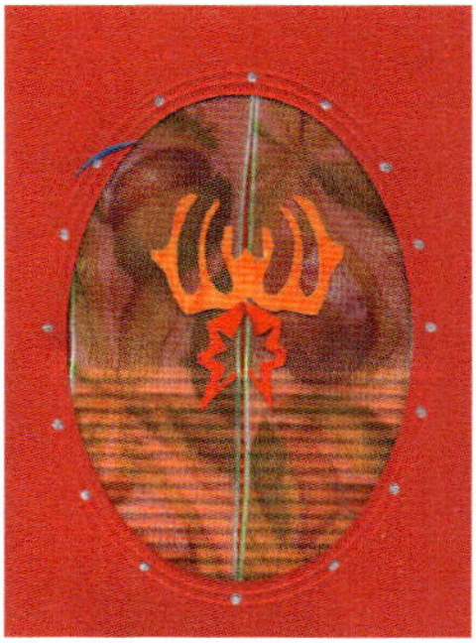

Dieses Zeichen bringt Ihre schöne Seite zur Geltung.

Es ist in Rot gehalten und verleiht Ihnen eine positive Ausstrahlung. Der orangefarbige Kern lässt andere Ihre Schönheit erkennen. Grün steht für die Heilung, und Rosa symbolisiert Entspannung und Schönheit. Rot steht für die männliche Energie und Sexualität. Orange wirkt aufbauend auf Ihre Seele. Die geschwungenen Formen stehen für eine bessere Kommunikation.

Schuldgefühle auflösen

Leiden Sie unter Schuldgefühlen? Dieses Zeichens hilft Ihnen dabei, sie loszulassen.

Das Zeichen ist in Rot gehalten und bringt Ihnen Stabilität. Der orange Kern lässt Sie loslassen und vermittelt Ihnen die Bereitschaft, verzeihen zu können. Rot steht für mehr Energie und sichert Sie im Leben ab. Orange wirkt aufbauend auf Ihre Seele. So werden Sie in die Lage versetzt, alte Dinge loszulassen und neue in Ihr Leben einzuladen. Die symmetrischen Formen grenzen Sie von Ihren negativen Gedanken ab.

Schutz

Dieses Zeichen aktiviert die Kraft, sich selbst zu schützen.

Es ist in Weiß gehalten und vermittelt Ihnen das Gefühl, geschützt zu sein. Der rot-blaue Kern lässt die universellen Kräfte in Sie hineinfließen. Rot steht für Schutz und Erdung, Weiß für die Reinigung der Seele. Blau hilft Ihnen loszulassen. Die geschwungenen Formen leiten negative Energien ab.

Schutz vor Magie

Dieses Zeichen schützt mit der Kraft der Engel vor magischen Angriffen.

Es ist in Hellbraun gehalten und gibt Ihnen das Gefühl, in Ihrer goldenen Mitte zu sein. Befinden Sie sich dort, sind Sie immun gegen negative Ereignisse oder Eingriffe seitens Ihrer Mitmenschen, die ihre böse Seite ausleben. Der rot-blaue Kern schirmt Sie vor magischen Angriffen ab. Rot steht für mehr Energie und Schutz, Braun dient der Sicherheit der Seele. Blau hilft Ihnen loszulassen. Die geschwungene Form leitet negative Energien ab und wirkt wie ein Schutzschild gegen Magie.

Schutz vor Neidern

Dieses Zeichen lässt Neider nicht an Sie herankommen.

Es ist in Hellbraun gehalten und bringt Ihnen Erfolg und Sicherheit. Der rot-orange Kern lässt Neidern keine Chance. Rot schützt vor ihnen und anderen negativ denkenden Personen. Orange wirkt aufbauend auf Ihre Seele. Braun sorgt für eine gute Erdung. Die geschwungenen Formen leiten negative Energien ab.

Schützende Hand der Engel

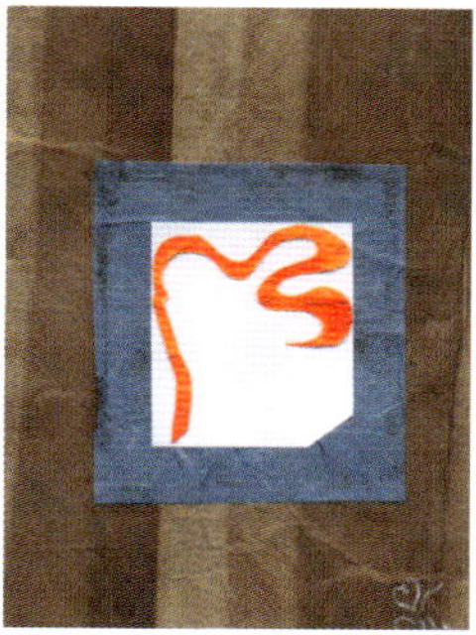

Dieses Zeichen lässt Sie Ihre Engel spüren.

Es ist in Braun gehalten und vermittelt Ihnen das Gefühl, geschützt zu sein. Der blau-weiß-orange Kern ermöglicht es Ihnen, die Engelstimmen wahrzunehmen. Orange wirkt aufbauend auf Ihre Seele. Braun dient dem Schutz. Weiß steht für die Reinigung der Seele und macht Sie geduldig. Blau hilft Ihnen, mit den Engeln in Kontakt zu treten. Die geschwungenen Formen leiten negative Energien ab.

Schutzengel

Dieses Zeichen ist ein sehr starkes Zeichen, wenn Sie Schutz brauchen.

Es ist in Braun gehalten und bringt Ihnen Schutz, wenn alles andere versagt hat. Der orangefarbene Kern kanalisiert Sie direkt zu Ihrem Schutzengel. Orange reinigt Ihre Seele, und Braun dient dem Schutz vor Manipulationen. Die geschwungenen Formen leiten negative Energien ab.

Schwangerschaft

Dieses Zeichen schützt das neue Leben und unterstützt Frauen mit Kinderwunsch.

Es ist in Blau gehalten und zieht die neue Seele an. Der rote Kern unterstützt dabei. Rot steht für die Empfängnis der neuen Seele und Weiß für Geduld. Blau hilft Ihnen, auf dem Boden zu bleiben. Die Form leitet negative Energien ab und gleicht Sie aus. Das Herz steht für eine gute Kommunikation und schenkt Ihnen eine kraftvolle Energie.

Seelenreinigung

Dieses Zeichen reinigt Ihre Seele von negativen Gedanken und Traurigkeit.

Es ist in Blau gehalten und bringt Ihnen Freude. Der orangefarbene Kern ermöglicht es, positiv zu denken. Rot steht für Sicherheit und Erdung. Orange symbolisiert die Lebenskraft, die Sie in Trauermomenten brauchen. Blau hilft Ihnen, das Erlebte zu verarbeiten. Die übereinanderstehenden Quadrate erneuern Ihre eigene Energie.

Seelenschutz

Dieses Zeichen schützt Ihre Seele vor negativen Einflüssen.

Es ist in Blau gehalten und schirmt Sie von negativen Gedanken Ihrer Mitmenschen ab. Der orangefarbene Kern schützt Ihre Seele. Orange wirkt aufbauend, und Blau hilft Ihnen, die eigene Seele zu hören. Die Formen des Zeichens symbolisieren Schutz. Sie leiten negative Energien ab und sorgen für Ihre Ausgeglichenheit.

Seelische Tiefe

Dieses Zeichen verleiht Ihren Gedanken Tiefe.

Es ist in Orange gehalten und verhilft Ihnen zu tieferen Einsichten. Der blaue Kern ermöglicht es, diese Gedanken zu realisieren. Orange wirkt aufbauend auf Ihre Seele. Blau hilft Ihnen loszulassen. Die Herzen stehen für eine gute Kommunikation und schenken Ihnen kraftvolle Energie, damit Sie Ihre Gedanken vertiefen können. Die geschwungenen Formen leiten negative Energien ab.

Seelischer Ausgleich

Wenn Sie mehr von Ihren Engeln hören oder spüren möchten, sollten Sie Ihre Engel um mehr Ausgleich bitten und dazu dieses Zeichen verwenden.

Dieses Engelzeichen für Seelenreinigung und -ausgleich ist eines der ältesten Zeichen im Engel-Alphabet. Es ist in hellem Braun gehalten und stärkt Ihren Glauben an Engel. Der rot-blaue Kern bringt mehr Gelassenheit. Rot steht für mehr Energie und weckt Ihre Spiritualität. Braun dient der Entspannung Ihrer Sinne. Blau hilft bei Kommunikationsproblemen und bringt den Glauben an das Gute. Die geschwungenen Formen verbinden Sie mit der Engelwelt und bringen Ihnen Antworten.

Segen

Dieses Zeichen beschert Ihnen Licht und Segen.

Es ist in Weiß gehalten und versorgt Sie mit der Energie der Sonne. Der rot-blaue Kern ermöglicht es Ihnen, diese Energie zu speichern und für sich zu nutzen. Rot steht für mehr Energie und weckt Ihre Spiritualität. Weiß steht für die Reinigung der Seele, und Blau hilft Ihnen loszulassen. Die Formen sammeln Energie von außen und leiten sie an Ihre Seele.

Selbstbild

Dieses Zeichen lässt Sie an Ihre eigene Besonderheit glauben.

Es ist in Hellbraun gehalten und schenkt Ihnen mehr Selbstvertrauen, indem es Ihr Selbstbild korrigiert. Der rote Kern ermöglicht es, die eigenen Kräfte richtig einzuschätzen. Rot steht für mehr Energie, und Braun dient der Entspannung Ihrer Sinne. Blau hilft Ihnen, Vertrauen in die eigene Seele zu fassen. Die Form des Zeichens sammelt Energie von außen und leitet sie an Ihre Seele weiter.

Selbsterkenntnis

Dieses Zeichen gibt Ihnen die Möglichkeit, sich selbst zu erkennen und zu verstehen.

Es ist in Gelb gehalten und öffnet Ihnen die Augen. Der mehrfarbige Kern ermöglicht es, das Leben in all seinen Farben und Facetten zu sehen. Gelb wirkt lebensbejahend und damit positiv auf die Seele. Lila steht für Intuition und Spiritualität. So können Sie sich selbst besser kennenlernen. Die Herzen stehen für eine gute Kommunikation und geben Ihnen kraftvolle Energie.

Selbstheilung

Dieses Zeichen aktiviert Ihre Selbstheilungskräfte.

Es ist in Blau gehalten und bringt Sie in Harmonie. Der orangefarbene Kern aktiviert Ihre innere Balance. Orange wirkt aufbauend und verleiht neue Kraft. Blau verteilt diese Kraft in der Aura. Die symmetrische Form schützt Sie vor negativen Energien und aktiviert die Heilung.

Selbstliebe

Dieses Zeichen aktiviert die Selbstliebe.

Es ist in Orange gehalten und bringt Ihnen einen gesunden Egoismus. Der rotblaue Kern ermöglicht es Ihnen, sich so anzunehmen, wie Sie sind. Die roten Herzen stehen für Liebe und Orange für Lebenskraft. Blau hilft Ihnen loszulassen. Die angedeutete liegende Acht leitet negative Energien ab und gleicht Sie aus.

Selbstlosigkeit

Dieses Zeichen lässt Sie aus dem Herzen heraus selbstlos handeln.

Es ist in Orange gehalten und der Kern in Rot-Weiß-Braun. Rot steht für mehr Energie, Orange wirkt aufbauend auf Ihre Seele. Braun dient der Entspannung Ihrer Sinne. Die Formen des Zeichens leiten negative Energien ab und lehren Sie zu geben.

Selbstständigkeit

Dieses Zeichen macht Sie selbstständiger.

Es ist in Blau gehalten und verhilft Ihnen zu neuen Einstellungen und Sichtweisen. Der rote Kern verleiht mehr Sicherheit und Kraft. Rot schenkt den Mut zu handeln, und Orange wirkt aufbauend auf Ihre Seele. Blau hilft Ihnen, die eigene Seele zu hören. Die geschwungenen Formen leiten Ängste ab.

Selbstvertrauen

Befürchten Sie, dass Sie eine Aufgabe nicht schaffen oder dass sie zu schwer für Sie ist? Wenn Sie dieses Zeichen verwenden, werden Sie mehr an sich glauben und Selbstvertrauen gewinnen.

Es ist in Orange gehalten und verleiht Ihnen die Kraft und den nötigen Willen, die Aufgabe zu bewältigen. Der rote Kern ermöglicht es, scharf zu denken und energisch zu handeln. Rot steht in diesem Zeichen für mehr Kraft und spirituelles Denken. Orange wirkt aufbauend auf Ihre Psyche. Das Quadrat sichert Ihre Seele ab und schützt Sie vor Neidern.

Selbstwertgefühl

Sie sind naiv und lassen sich alles gefallen? Schluss damit! Dieses Zeichen stärkt Ihr Selbstwertgefühl und sorgt für ein gesundes Ego.

Es ist in Blau gehalten und lässt Sie so handeln, dass Sie nicht verlieren. Der orange-rote Kern verleiht Ihnen Harmonie in allen Lebenslagen. Die Farbkombination Orange und Rot steht für mehr Energie und macht Sie etwas frecher. Weiß steht für die Reinigung der Seele und verleiht Ihnen Geduld. Blau hilft Ihnen, das Unnötige im Leben loszulassen. Die Form des Zeichens erneuert die Energien in Ihrer Umgebung.

Sich glücklich schätzen

Dieses Zeichen versetzt Sie in die Lage, dass Sie sich selbst glücklich schätzen. Sie sind etwas Besonderes!

Das Zeichen ist in Rot gehalten und bringt Ihnen neue Erkenntnisse über sich selbst. Der weiß-orange Kern ermöglicht es Ihnen, sich selbst zu verstehen. Die Farbkombination Rot-Orange steht für mehr Energie und Weiß für die Reinigung der Seele. So können Sie Ihr Glück leicht erkennen. Die Form des Zeichens sammelt Energie von außen und leitet sie an Ihre Seele weiter.

Sich neu verlieben

Dieses Zeichen bringt Liebe in Ihr Zuhause.

Es ist in Türkis gehalten und zieht eine neue Person in Ihr Leben, die Sie glücklich machen wird. Der rote Kern ermöglicht es Ihnen, die Liebe anzunehmen. Türkis steht für das Herzchakra und Rot für die Liebe. Orange steht für den Sexualchakra-Bereich. Die beiden Herzen ermöglichen die Öffnung Ihres Herzens, damit Sie die neue Liebe zulassen können.

Sich öffnen für die Engel

Dieses Zeichen lässt sie leichter mit Engeln in Kontakt treten. Mit ihm können Sie den Schutz Ihrer Engel erkennen.

Es ist in Braun gehalten, der Kern in Rot und Weiß. Das rote Herz steht für mehr Energie und weckt Ihre Spiritualität. Braun dient der Sicherheit, und Weiß steht für die Reinigung der Seele. Der blaue Würfel schützt Sie im Alltag.

Sich selbst etwas Gutes tun

Dieses Zeichen regt Sie dazu an, sich selbst etwas Gutes zu tun.

Es ist in Blau gehalten und weckt in Ihnen das Bedürfnis, sich selbst zu belohnen. Der rote Kern lässt Sie Dinge annehmen. Rot steht für Selbstliebe, und Orange wirkt aufbauend auf Ihre Seele. Blau hilft Ihnen, zu Ihrer Seele zurückzufinden. Die geschwungene Form leitet negative Energien ab.

Sicherheit

Dieses Zeichen verleiht Ihnen das Gefühl der Sicherheit.

Es ist in Blau und Rot gehalten und sorgt für eine sichere Lebensbasis. Rot steht für mehr Energie und Sicherheit, Blau für Mäßigung. Die geschwungenen Formen und die Spirale leiten negative Energien ab und stabilisieren.

Sorgenminderung

Wenn Sie ein Mensch sind, der sich ständig Sorgen macht, sollten Sie dieses Zeichen verwenden. Es mindert Sorgen.

Es ist in Orange gehalten und schenkt Sicherheit. Der weiße Kern lässt bestehende Sorgen vergehen. Orange wirkt positiv und energievoll auf Ihre Seele. Weiß steht für die Reinigung von Sorgen und bringt Ihnen Ruhe. Die geschwungenen Formen gleichen Sie aus.

Spiritualität entwickeln

Dieses Zeichen lässt Ihre Spiritualität wachsen.

Es ist in Orange gehalten und verhilft Ihnen zu neuen Erkenntnissen. Der blaue Kern ermöglicht es, diese Erkenntnisse mit der eigenen Seele zu vereinbaren. Die orange-blaue Farbkombination wirkt aufbauend auf Ihre Seele. Die geschwungenen Formen aktivieren Ihre Talente.

Spirituell handeln

Dieses Zeichen hilft Ihnen, Ihre Handlungen spirituell auszuführen.

Es ist in Hellbraun gehalten und bringt Ihnen die eigene Spiritualität näher. Der blaue Kern lässt Sie die kosmischen Gesetze verstehen. Braun gibt Sicherheit, Weiß unterstützt die Seele, und Blau hilft Ihnen, spirituell zu denken und zu fühlen. Die Formen leiten negative Energien ab und gleichen Sie aus.

Spirituelle Führung

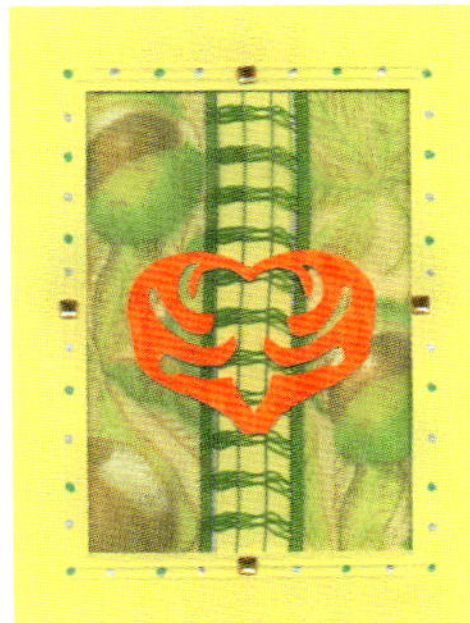

Dieses Zeichen verbindet Sie mit Ihrem spirituellen Lehrer.

Es ist in Gelb gehalten und bringt Sie mit spirituellen Energien in Kontakt. Der grün-orange Kern öffnet Ihre Ohren für das Neue. Grün aktiviert Ihr Herzchakra, und Gelb wirkt lebensbejahend. Rot steht für mehr Energie und weckt Ihre Spiritualität. Das Herz steht für eine gute Kommunikation und gibt Ihnen kraftvolle Energie.

Spontaneität

Dieses Zeichen lässt Ihre Spontaneität zu.

Es ist in Blau-Orange-Rot gehalten und lässt Sie spontan handeln. Rot steht dabei für Spontaneität und Schnelligkeit. Orange wirkt aufbauend auf Ihre Seele. Blau hilft Ihnen, die goldene Mitte zu finden. Die geschwungenen Formen machen Sie locker.

Stabilität

Wenn Sie manchmal Schwierigkeiten damit haben, das Leben positiv zu sehen, wird Ihnen dieses Zeichen guttun. Es bringt mehr Stabilität in Ihr Leben.

Es ist in Rot und Braun gehalten und sorgt für mehr Stabilität in Ihrem Leben. Der rot-orange-weiße Kern lässt Sie das Positive im Leben erkennen. Rot steht für göttliche Energie und wirkt wärmend. Orange wirkt aufbauend auf Ihre Seele. Braun wiederum erdet und macht stabil. Das Doppelherz steht für eine gute Kommunikation und schenkt Ihnen eine kraftvolle Energie.

Standhaftigkeit

Dieses Zeichen macht Sie standhaft und mutig.

Es ist in hellem Braun gehalten und bringt Ihnen Sicherheit. Der rote Kern ermöglicht es, aus dem Herzen heraus zu handeln. Rot steht für mehr Energie und Standhaftigkeit. Braun lässt Sie Ihre eigene Meinung vertreten. Die geschwungene Form leitet negative Gedanken ab. Das Herz steht für eine gute Kommunikation.

Stärke

Dieses Zeichen lässt Sie stark agieren.

Es ist in Orange gehalten und schenkt Ihnen mehr Elan. Der goldene Kern ermöglicht es Ihnen, die Stärke nach außen zu präsentieren. Orange verleiht Mut und Kraft, Braun gibt Sicherheit im Denken. Die ovale Form sammelt Energie und konzentriert sie in Ihrer Seele.

T

Taktgefühl

Dieses Zeichen lehrt Sie, taktvoll zu sein oder zu werden. Taktlosigkeit kann mit seiner Hilfe eingedämmt werden.

Das Zeichen ist in Gelb gehalten und verleiht Ihnen die Fähigkeit zu analysieren. Der rote Kern ermöglicht es Ihnen, zuerst zu denken und danach zu handeln. Rosa symbolisiert Entspannung für die Seele und Taktgefühl. Gelb wirkt lebensbejahend. Rot und Orange stehen für mehr Elan. Die geschwungenen Formen gleichen Ihre Seele aus.

Talente erkennen

Viele Menschen haben Schwierigkeiten damit, ihre verborgenen Gaben zur Entfaltung zu bringen. Dieses Zeichen lässt Ihre Talente sprechen.

Es ist in Gelb gehalten und bringt Ihre versteckten Fähigkeiten zum Vorschein. Der rote Kern ermöglicht es Ihnen, an sich zu glauben. Gelb wirkt lebensbejahend. Grün stärkt das Herzchakra mit neuen Energien. Das rote Herz steht für Herzlichkeit und unterstützt Ihre Gaben. Das Oval sammelt Energie und schützt Ihre Seele.

Tatkraft

Dieses Zeichen stärkt Ihre Tatkraft und veranlasst Sie zum Handeln.

Es ist in Braun gehalten und vermittelt Ihnen Sicherheit. Der blaue Kern lässt Sie Dinge anpacken, was es Ihnen ermöglicht, Ihre Pläne in die Tat umzusetzen. Braun dient der Entspannung Ihrer Sinne und vertreibt Ängste. Weiß fokussiert Sie auf ein bestimmtes Thema. Blau hilft Ihnen, sich zu konzentrieren. Die Form des Zeichens leitet negative Energien ab und gleicht Sie aus.

Teamgeist

Dieses Zeichen weckt Ihren Teamgeist.

Es ist in Hellbraun gehalten und verleiht Ihnen die Fähigkeit, gut zu organisieren. Der rot-blaue Kern ermöglicht es Ihnen, die Menschen Ihrer Umgebung in die Arbeit einzubeziehen. Rot steht für mehr Energie und den Austausch mit den Mitmenschen. Braun dient der Entspannung Ihrer Sinne. Blau hilft Ihnen, gut mit anderen Menschen umzugehen. Das Viereck sichert Sie ab und schützt Ihre Seele vor negativen Energien.

Transformation

Dieses Zeichen bringt eingefahrene Situationen in Bewegung.

Es ist in Weiß mit Braun gehalten und schenkt Ihnen eine positivere Einstellung. Der rot-grüne Kern ermöglicht es Ihnen, Prozesse positiv zu gestalten. Grün steht für Heilung und die seelische Reinigung. Diese Farbe ist dem Herzchakra zugeordnet. Rot symbolisiert Sicherheit und den Glauben an Mutter Erde. Braun dient der Entspannung Ihrer Sinne. Die Herzen stehen für eine gelungene Kommunikation und geben Ihnen die nötige Energie für das positive Denken, das Sie brauchen, um alles in Ihrer Umgebung neu gestalten und transformieren zu können. Der farbige Hintergrund symbolisiert die Mehrfarbigkeit des Lebens. Die dunklen Kreise versinnbildlichen mehrere Lebensthemen, die man entdecken kann.

Trauer verarbeiten

Dieses Zeichen hilft bei der Trauerverarbeitung.

Es ist in Hellbraun gehalten und lässt Sie Ruhe finden. Der blau-orange Kern ermöglicht es Ihnen, aus der Trauerphase herauszutreten und loszulassen. Orange wirkt aufbauend auf Ihre Seele und hilft, Verluste zu verarbeiten. Braun dient der Entspannung Ihrer Sinne. Blau hilft Ihnen dabei, sich selbst zu hören. Die symmetrische Form grenzt Sie von negativen Energien ab.

Träume leben

Dieses Zeichen hilft Ihnen bei der Verwirklichung Ihrer Träume.

Es ist in Rot gehalten und gibt Ihnen den Mut, die Dinge anzupacken, die Ihnen zukommen. Der rot-goldene Kern ermöglicht die Realisierung Ihrer Träume. Gold wirkt lebensbejahend, und Rot macht mutig und energisch. So können Sie Ihre Träume in die Tat umsetzen. Die geschwungenen Formen verleihen Ihnen kraftvolle Energie.

U

Über den eigenen Schatten springen

Dieses Zeichen verleiht Ihnen Mut und Entscheidungsfreudigkeit.

Es ist in hellem Braun gehalten und hilft Ihnen, Ihre Pläne in die Tat umzusetzen. Der orangefarbige Kern ermöglicht es Ihnen, Dinge so anzunehmen, wie sie sind. Rot steht für Mut und Glauben. Orange wirkt aufbauend auf Ihre Seele und macht Sie tapfer. Braun dient der Sicherheit im Herzen. Die Herzen versorgen Sie mit kraftvoller Energie.

Umdenken

Dieses Zeichen bringt Ihnen neue Impulse.

Es ist in Hellbraun mit Blau gehalten und lässt Sie umdenken. Braun dient der Entspannung Ihrer Sinne. Blau hilft Ihnen loszulassen. Die geschwungene Form verhilft Ihnen zu neuem Denken und erleichtert es Ihnen, Entscheidungen zu treffen.

Unabhängigkeit

Dieses Zeichen unterstützt Sie und lässt Sie unabhängiger werden.

Es ist in Gelb mit Blau gehalten und verhilft Ihnen zu neuen Sichtweisen. Außerdem zeigt es Lösungen auf. Gelb wirkt lebensbejahend und bringt das Unterbewusste zur Geltung. Rot steht für mehr Energie, und Braun gibt Sicherheit. Die Formen im Zeichen der Unabhängigkeit lassen Sie das Leben locker sehen.

Ungeduld

Dieses Zeichen stellt Ihre Ungeduld ab.

Es ist in Orangebraun gehalten und bringt Ihnen neue Impulse. Der blaue Kern ermöglicht es, diese umzusetzen. Rot steht für Ihre Spiritualität, Braun für Sicherheit, und Blau hilft Ihnen loszulassen. Das Herz steht für eine gute Kommunikation und für Geduld. Der Stern erneuert Ihre Seele.

Universelle Liebe

Dieses Zeichen unterstützt Sie darin, bedingungslos zu lieben.

Es ist in Rot gehalten und sorgt für Ihr spirituelles Weiterkommen sowie die Öffnung Ihres Herzens für die allumfassende Liebe. Rot steht für Liebe und Gefühle und auch für Mutter Erde. Blau hilft Ihnen loszulassen. Das Herz steht für eine gute Kommunikation, und der Kreis sammelt Energie von außen, die er in Ihre Seele leitet.

Universeller Schutz

Dieses Zeichen schützt Sie im Alltag.

Es ist in Orange gehalten und führt Ihnen universelle Kräfte zu. Der rot-braune Kern gibt Ihnen Vertrauen nach oben. Rot und Orange gelten als Schutzfarben und wirken aufbauend auf Ihre Seele. Braun dient der Entspannung Ihrer Sinne. Sowohl das Herz als auch der Tropfen stehen für den Fluss der Gefühle und den allgemeinen Schutz vonseiten des Universums. Die geschwungene Form arbeitet wie eine Antenne und leitet negative Energien ab.

Unternehmungsgeist

Sie möchten handeln, trauen sich aber nicht? Dieses Zeichen stärkt Ihren Mut und lässt Sie kraftvoll handeln.

Es ist in Orange gehalten und versorgt Sie mit neuen Kräften. Der blaue Kern hilft dabei, klug zu handeln. Orange gibt Elan und Mut. Weiß steht für die Reinigung der Seele und schenkt Ihnen Geduld. Blau hilft Ihnen, sich zusammenzureißen, um die gesteckten Ziele zu erreichen. Die symmetrischen Formen schützen Sie vor Manipulationen.

Ursachen erkennen

Dieses Zeichen lässt Sie die Ursachen für Situationen erkennen.

Es ist in Braun mit Rot gehalten und erlaubt Ihnen mehr Durchblick. Rot stärkt Ihr spirituelles Denken, und Braun dient der Entspannung Ihrer Sinne. Die geschwungenen Formen des Zeichens leiten negative Energien ab. Der Würfel erneuert Ihre eigene Energie.

Urvertrauen

Dieses Zeichen sorgt für mehr Vertrauen in Situationen, in denen es Ihnen verloren ging.

Es ist in Orange mit Rot und Blau gehalten und bringt Sie mit Ihren Engeln in Verbindung. Rot und Orange stehen beide für Urvertrauen. Blau gibt Ihnen die Möglichkeit, alles mit Ruhe anzugehen. Die geschwungene Form schützt Sie vor Ängsten. Die Sterne erneuern Ihre Seele.

V

Veränderung

Sie wollen in Ihrem Leben etwas verändern oder stehen vor einem Umzug? Dieses Zeichen wird Ihnen dabei behilflich sein.

Es ist in Grau mit Grün gehalten und bringt Sie auf neue Ideen, wie Sie die Situation verändern können. Grau sorgt dabei für den nötigen Schutz. Der rote Kern schenkt mehr Kapazität und Seelenstärke. Grün steht für die Heilung der Situation und für Bewegung. Rot schenkt Ihnen das Extra an Energie, das nötig ist, um eine Veränderung zu meistern. Die Formen arbeiten in gleicher Weise wie die Farben und gleichen Ihre Umwelt aus.

Verantwortung

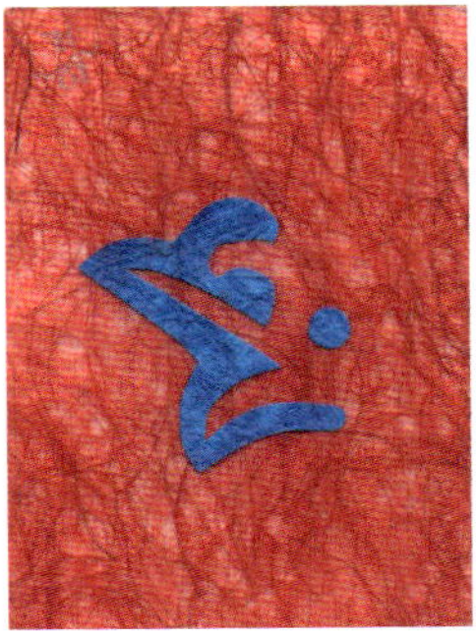

Dieses Zeichen schenkt Ihnen Verantwortungsbewusstsein.

Es ist in Weinrot mit Blau gehalten und verschafft tiefe Einblicke in die Seele. Blau hilft Ihnen loszulassen. Weinrot steht für Intuition und Spiritualität. Die geschwungenen Formen leiten negative Energien ab und ziehen positive an. So können Sie Vertrauen fassen.

Vergebung

Dieses Zeichen hilft Ihnen zu vergeben.

Es ist in Hellbraun gehalten und schenkt Ihnen die Kraft, Ihre Feinde loszulassen. Der blaue Kern ermöglicht es Ihnen, von ganzem Herzen zu verzeihen. Braun dient der Entspannung Ihrer Sinne. Weiß steht für die Reinigung der Seele und bringt Ihnen Geduld. Die Form des Zeichens sammelt positive Energie von außen und leitet sie zu Ihrer Seele.

Vernunft

Dieses Zeichen macht Sie vernünftig.

Es ist in hellem Braun gehalten und schenkt Ihnen Zuversicht und Geduld. Der rote Kern ermöglicht es, richtige Entscheidungen zu treffen. Rot steht für mehr Energie, und Braun dient der Entspannung Ihrer Sinne. Blau hilft Ihnen loszulassen. So werden Sie vernünftige Entscheidungen treffen. Die symmetrische Form schützt Sie vor Manipulationen.

Verstand

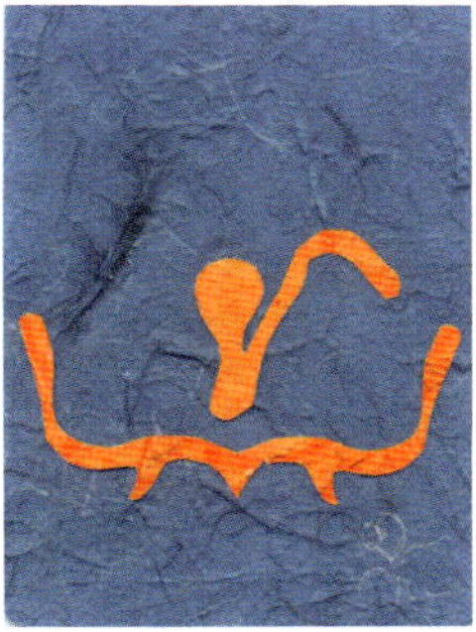

Dieses Zeichen schärft Ihren Verstand.

Es ist in Blau mit Orange gehalten, schärft Ihr Denkvermögen und bringt Sie auf interessante Gedanken. Orange wirkt aufbauend auf Ihre Seele. Blau hilft Ihnen, auf Ihren Verstand zu hören. Die symmetrische Form grenzt Sie von negativen Gedanken ab.

Verständnis

Wenn Sie eine bestimmte Situation durchleuchten wollen, benutzen Sie am besten dieses Zeichen.

Es ist in Blau gehalten und bringt Ihnen Verständnis. Der rote Kern ermöglicht es, andere Menschen besser zu verstehen und sich in sie hineinzuversetzen. Rot steht unter anderem für die Konzentration der Gedanken, Weiß für die Reinigung der Seele und Weisheit. Blau hilft Ihnen, besser mit anderen und mit sich selbst zu kommunizieren. Die geschwungenen Formen schenken Ihnen kraftvolle Energie.

Vertrauen

Dieses Zeichen verleiht Ihnen die Fähigkeit zu vertrauen.

Es ist in Gelb mit Rot gehalten und ermöglicht es Ihnen, Vertrauen zur geistigen Welt zu schöpfen. Gelb wirkt lebensbejahend, und Rot schenkt Vertrauen und Energie. Orange wirkt aufbauend auf Ihre Seele. Braun dient der Entspannung Ihrer Sinne. Die geschwungenen Formen öffnen Ihr Herz für das Neue.

Verzeihen

Dieses Zeichen bringt Ihnen Gnade und lehrt Sie zu verzeihen.

Es ist in Orange gehalten und verhilft Ihnen zu innerlicher Gelassenheit. Der blau-weinrot-orangene Kern verleiht Ihnen die Gabe, Situationen analysieren zu können. Rosa symbolisiert die Entspannung der Seele. Rot steht für mehr Energie und weckt Ihre Spiritualität. Orange wirkt aufbauend, und Blau hilft Ihnen loszulassen. Die geschwungenen Formen leiten negative Energien ab und bringen Ihnen die Gnade der geistigen Welt, die Sie darin unterstützt, anderen zu verzeihen.

Vorbereitung

Dieses Zeichen hilft beim Schmieden von Plänen.

Es ist in Braun gehalten und bringt auch Kleinigkeiten zum Vorschein. So können Sie nichts übersehen. Der rot-orange-weiße Kern ermöglicht es Ihnen, auf die Details zu achten. Rot gibt Elan und lässt schnell handeln, Orange ebenfalls. Braun dient der Entspannung Ihrer Sinne. Weiß steht für die Reinigung der Seele. Die geschwungenen Formen unterstützen Sie beim Planen und Vorbereiten.

W

Wahre Freunde

Dieses Zeichen zieht gute Freunde an.

Es ist in Blau gehalten und bringt neue Energien in Ihr Leben. Der rot-orangene Kern ermöglicht treue Freundschaften. Orange wirkt wie eine Antenne für wahre Freunde. Blau dient der Kommunikation. Die symmetrische Form schützt Sie vor negativen Energien.

Wahrnehmung schärfen

Dieses Zeichen schärft die Wahrnehmung.

Es ist in Orange gehalten und verhilft Ihnen zu neuen Ansichten. Der goldene Kern des Zeichens macht es möglich, die Welt mit neuen Augen zu sehen. Das goldene Herz wirkt lebensbejahend und Orange aufbauend auf Ihre Seele. Die geschwungenen Formen sorgen für gute Eindrücke, und das Rechteck erneuert Ihre eigene Energie.

Weiblichkeit

Dieses Zeichen unterstützt Ihre weiblichen Wesensanteile.

Es ist in Weiß mit Orange, Rot und Blau gehalten und verhilft Ihnen zu mehr Verständnis für die weibliche Intuition. Rot steht für Urvertrauen, und Orange wirkt aufbauend auf Ihre Seele. Weiß steht für Ausgleich und Intuition. Das blaue Herz hilft Ihnen, intuitiv zu handeln.

Weise entscheiden

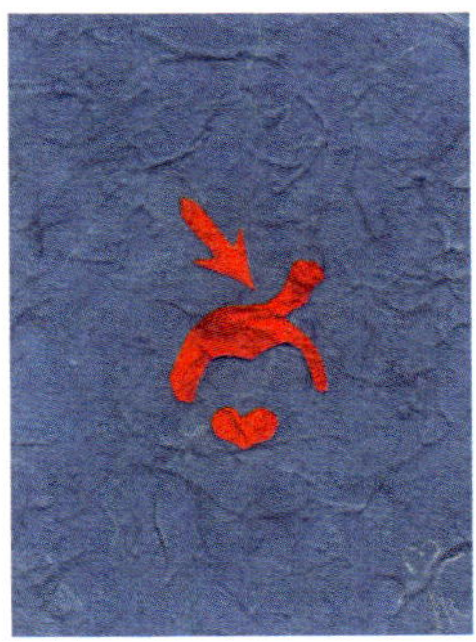

Dieses Zeichen ermöglicht es Ihnen, weise Entscheidungen zu treffen.

Es ist in Blau gehalten und bringt Ihnen das Potenzial, verschiedene Weltanschauungen erfassen zu können. Der rote Kern hilft Ihnen dabei, weise zu entscheiden. Rot steht für das alte Wissen und Blau für die Kenntnisse, die Sie sich selbst angeeignet haben. Die geschwungenen Formen verbinden beide zu Weisheit.

Weisheit

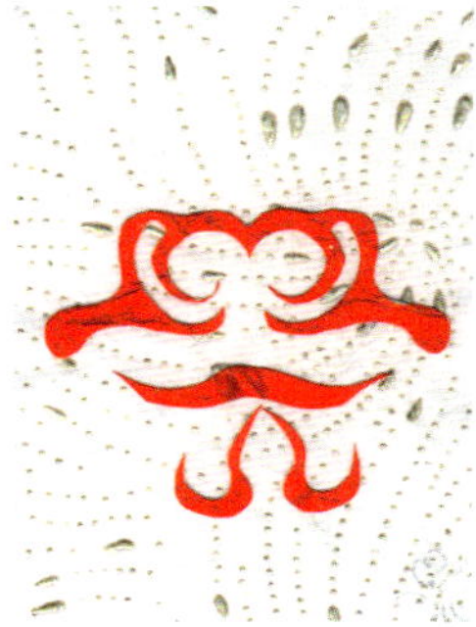

Dieses Zeichen aktiviert Ihre Fähigkeiten, das Wissen an andere weiterzugeben.

Es ist in Weiß gehalten und symbolisiert die Weisheit. Der rote Kern stärkt Ihr Wissen, denn Rot steht für Erkenntnis und Wissen. Weiß steht für Geduld und Neugier. Die Form des Zeichens wirkt wie eine Antenne, um neues Wissen speichern zu können.

Weiterentwicklung

Dieses Zeichen unterstützt Ihre seelische Weiterentwicklung.

Es ist in Rot und Gold mit Orange gehalten und bringt Ihnen neue Erkenntnisse über die Wege des Karmas. Gold wirkt lebensbejahend. Rot steht für mehr Mut und spirituelles Denken, und Orange wirkt aufbauend auf Ihre Seele. Die geschwungenen Formen schenken Ihnen kraftvolle Energie.

Wertschätzung

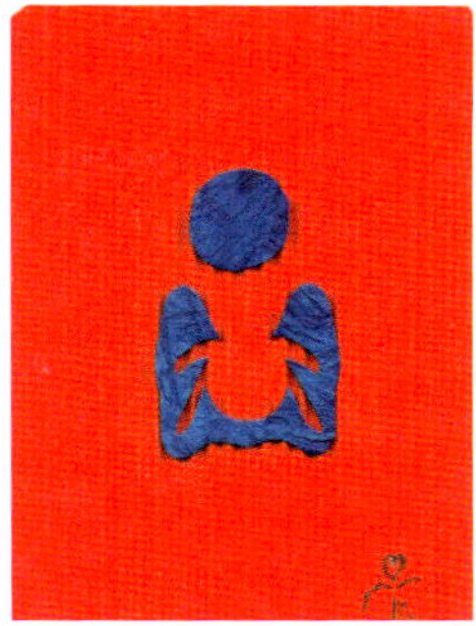

Dieses Zeichen lässt Sie die echten Schätze im Leben erkennen.

Es ist in Orange gehalten und bringt eine neue Sichtweise auf viele Dinge. Der blaue Kern lässt Sie das Leben schätzen. Orange steht für den Sexualchakra-Bereich und für die Lebenskraft – das ist der Schatz, den Sie haben. Blau hilft Ihnen, diesen Schatz zu entdecken. Der Kreis sammelt Energie von außen und leitet sie an Ihre Seele. Die symmetrische Form grenzt Sie von negativen Energien ab.

Wiedergeburt

Dieses Zeichen lässt Sie das Thema Wiedergeburt verstehen.

Es ist in Blau gehalten und bringt Ihnen mehr Verständnis im Bereich der Reinkarnationslehre. Der rot-braune Kern ermöglicht es Ihnen, neue Erkenntnisse über die Wiedergeburt zu erlangen. Rot und Orange stehen für mehr Energie und für den Ursprung, also für das Karma. Blau hilft Ihnen, dieses Thema zu verstehen. Die geschwungenen Formen leiten negative Energien ab.

Willenskraft

Der Wille ist alles im Leben. Wenn Sie Ihre Willenskraft stärken wollen, sollten Sie zu diesem Zeichen greifen.

Es ist in Weiß gehalten und bringt Ihnen einen guten Überblick im Leben. Der rot-orange Kern schenkt Ihnen mehr Zuversicht und tiefe Einblicke in die Situationen, die Sie gerade erleben. Gold, Gelb und auch Orange sind Farben der Sonne. Jede dieser Farben wirkt lebensbejahend. Die geschwungenen Formen des Zeichens leiten neue Energie in Ihr Kronenchakra und stärken es durch Mut und Willenskraft.

Wohlstand

Dieses Zeichen schützt Ihr Angespartes.

Es ist in Orange gehalten und sorgt dafür, dass Geld zu Geld kommt. Der blaue Kern sichert das Ersparte. Orange wirkt aufbauend auf Ihre Finanzen. Weiß steht für Stabilität und Reinheit. Blau hilft Ihnen, durch Kommunikation die Güter zu vermehren. Die Spirale leitet negative Energien ab und aktiviert den Geldfluss.

Wunder erleben

Dieses Zeichen lässt Wunder geschehen.

Es ist in Braun mit Rot und Orange gehalten und macht viele Wunder in Ihrem Leben möglich. Rot ist eine sehr kraftvolle Farbe. Sie bringt Liebe und Wunder mit sich. Orange wirkt aufbauend auf Ihre Seele. Braun ermöglicht Ihnen, die Wunder zu verstehen. Die geschwungenen Formen leiten negative Energien ab.

Wünsche

Ihre Wünsche sollen in Erfüllung gehen. Dieses Zeichen bringt Sie auf Erfolgskurs, indem es Ihre Seele kanalisiert und Sie so Ihren Zielen näherbringt.

Das Zeichen ist in Weiß gehalten, und sein Kern ist rot-orange. Diese Kombination ermöglicht es, Ihre Wünsche zu manifestieren. Rot steht für mehr Energie und die Manifestation der Wünsche. Diese Kraftfarbe kann beinahe alles in Bewegung setzen. Lila steht für die Intuition und für Spiritualität. Das Herz verleiht Ihnen kraftvolle Energie. Es ist doppelt – ein Herz im Herz symbolisiert das Ankommen in der eigenen Seele.

Z

Zeichen des Lebens

Dieses Zeichen ist das Zeichen des Lebens.

Es ist in Weinrot gehalten und schenkt Ihnen Lebensmut. Der blaue Kern ermöglicht es, das Leben aus dem Herzen heraus zu leben. Rot steht für mehr Lebensqualität und Ihre Wünsche. Braun dient der Entspannung Ihrer Sinne. Blau hilft Ihnen, den Sinn des Lebens zu finden. Die Form des Zeichens bringt Ihnen kraftvolle Energie.

Zeit gewinnen

Dieses Zeichen lässt Sie Zeit gewinnen und unterstützt Sie so in Situationen, in denen Sie mehr Zeit für eine Entscheidung brauchen.

Es ist in Braun mit Weiß und Orange gehalten und schenkt Ihnen viel Zeit zum Überlegen. Orange wirkt aufbauend auf Ihre Seele. Braun dient der Entspannung, und Weiß steht für die Unendlichkeit. Das Quadrat sichert Sie ab und schützt Ihre Seele vor Hektik.

Zeitlosigkeit

Dieses Zeichen verschafft Ruhe und ein Gefühl der Zeitlosigkeit.

Es ist in Blau und Rot gehalten und schenkt Ihnen Zeit zum Denken. Sie werden das Gefühl bekommen, genug Zeit zu haben, um alle wichtigen Dinge zu erledigen. Die rot-blaue Farbkombination steht für das Zeitgefühl, auch wenn Schamanen sagen, dass die Zeit gar nicht existiert. Die geschwungenen Formen leiten negative Energien ab.

Ziele erreichen

Dieses Zeichen unterstützt Sie dabei, Ihre Ziele verfolgen und erreichen zu können.

Es ist in Orange gehalten und verleiht Ihnen die Kraft, die Sie brauchen, um Ihre Ziele zu erreichen. Der rot-weiße Kern lässt Sie klar denken. Rot steht für Bewegung und Erfolg. Orange wirkt aufbauend auf Ihre Seele.

Braun lässt Sie Ihre wichtigsten Ziele erkennen, und Weiß bringt Ihnen Geduld. Das Quadrat erneuert Ihre eigene Energie.

Zufriedenheit

Dieses Zeichen versöhnt Sie mit Ihrem Leben und stellt Sie zufrieden.

Es ist in Blau gehalten und bringt viele Dinge in Ihr Leben, die Sie zufrieden machen. Der rot-weiße Kern ermöglicht es Ihnen, diese Dinge zu schätzen. Rot steht für mehr Energie und Zufriedenheit, Weiß für die goldene Mitte. Blau hilft Ihnen, auf Kleinigkeiten zu achten. Die geschwungene Form leitet negative Energien ab. Das Viereck schützt Sie im Alltag und sammelt neue Energie für Ihr Leben.

Zuhören lernen

Dieses Zeichen lehrt Sie zuzuhören.

Es ist in Orange gehalten und schenkt Ihnen Geduld. Der rot-braune Kern ermöglicht es Ihnen, genau hinzuhören und das Gesagte auch zu analysieren. Der rote Kern steht für Energie, die in einem Quadrat steckt. Dadurch ist sie reguliert und geschützt. Orange wirkt aufbauend auf Ihre Seele. Braun dient der Entspannung Ihrer Sinne und macht Sie geduldig.

Zulassen

Dieses Zeichen lehrt Sie, Dinge zuzulassen.

Es ist in Weiß mit Orange und Rot gehalten und verleiht Ihnen Kraft. Rot steht für mehr Energie und Orange für das innere Kind, das so genährt wird. Weiß steht für die Reinigung der Seele und verleiht Ihnen Geduld. Die geschwungenen Formen leiten negative Energien ab.

Zur Ruhe kommen

Dieses Zeichen lässt Sie Harmonie finden und dadurch zur Ruhe kommen.

Es ist in hellem Braun gehalten und gibt Ihnen die Möglichkeit, sich selbst zu verstehen. Der rot-blaue Kern hilft Ihnen, die Harmonie beizubehalten. Rot steht für mehr Energie, und Braun dient der Entspannung Ihrer Sinne. Blau hilft Ihnen loszulassen, was notwendig ist, um Harmonie zu erreichen. Die geschwungene Form leitet negative Energien ab und schützt Sie. Sterne stellen den Himmel und die Anbindung ans Universum dar. Wer ans Universum angebunden ist, erhält eine klare Sicht auf viele Dinge und kommt zur Ruhe.

Zusammenarbeit

Dieses Zeichen lässt Sie besser mit anderen zusammenarbeiten und hilft Ihnen zuzulassen, dass andere Ihnen helfen.

Es ist in Rot gehalten und schenkt Ihnen Energie. Der blaue Kern ermöglicht es, die Zusammenarbeit spielerisch leicht zu machen. Rot steht für mehr Energie und gleichzeitig für das Denken zugunsten der Gemeinschaft. Orange wirkt motivierend, und Blau hilft Ihnen, leichter zu kommunizieren. Die geschwungene Form und das Herz stehen für eine gute Kommunikation im Team.

Zusammenhänge erkennen

Dieses Zeichen lehrt Sie zu analysieren und Zusammenhänge von Geschehnissen zu erkennen.

Es ist in Gelb gehalten und lässt Sie logisch und tief analysieren. Der blaue Kern ermöglicht es, die Verknüpfungen im Geschehen zu erkennen. Grün steht für Heilung und Mutter Natur. Es ist die Farbe des Herzchakras. Gelb wirkt lebensbejahend. Das blaue Herz hilft Ihnen, alles im Zusammenhang zu betrachten.

Zuversicht

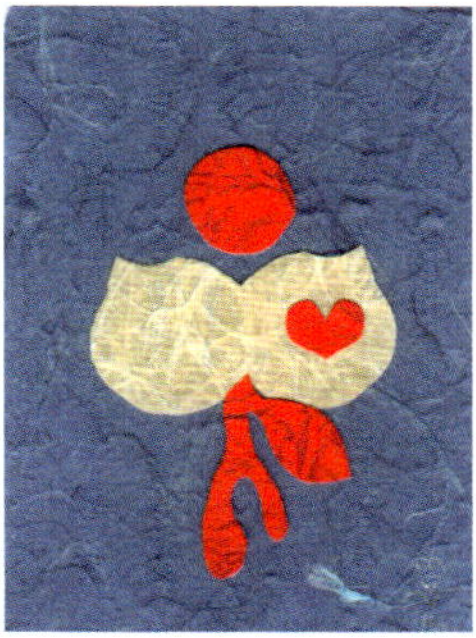

Dieses Zeichen schenkt Ihnen Zuversicht.

Es ist in Blau gehalten und lehrt Sie, klug zu entscheiden. Der rot-weiße Kern lässt Sie viel Zuversicht gewinnen. Rot steht für Erdung und Energie. Weiß steht für die Reinigung der Seele, und Blau hilft Ihnen loszulassen. So können Sie zuversichtlicher in die Zukunft blicken. Die Formen des Zeichens stehen für eine gute Kommunikation und verleihen Ihnen kraftvolle Energie.

Zwänge abbauen

Dieses Zeichen wirkt gegen Zwänge.

Es ist in Blau mit orangefarbenem Kern gehalten und bringt Ihnen seelische Ruhe. Orange wirkt aufbauend auf Ihre Seele. Blau hilft Ihnen loszulassen. Die symmetrische Form schützt Sie vor negativen Gedanken und Zwängen.

Zweifel ablegen

Dieses Zeichen ist hilfreich, wenn man dazu neigt, alles in Zweifel zu ziehen.

Es ist in Braun gehalten und bringt Ihnen neue Einsichten Ihr Leben betreffend. Der weiß-orangene Kern ermöglicht es Ihnen, Ihre Zweifel abzulegen und zu handeln. Orange bereinigt Zweifel und Leid. Braun dient der Sicherheit im Herzen, und Weiß steht für die Reinigung der Seele und schenkt Ihnen Geduld. Das Quadrat sichert Sie im Leben ab und schützt Ihre Seele vor negativen Energien.

Zweisamkeit

Dieses Zeichen unterstützt alle Paare darin, zu erkennen, wie wichtig die Zweisamkeit für sie ist.

Es ist in Braun gehalten und lässt Sie den Sinn der Zweisamkeit besser verstehen. Der rot-orange Kern ermöglicht es Ihnen, Ihren Partner zu schätzen. Rot steht für Liebe und das doppelte Herz für eine lebenslange Beziehung. Orange wirkt aufbauend auf Ihre Seele. Braun dient der Entspannung Ihrer Sinne.

NACHWORT

Liebe Leserinnen und Leser,

am Ende dieses Buchen wissen Sie nun, wie Sie am besten vorgehen, wenn Sie Dinge in Ihrem Leben vermissen oder neue Wege einschlagen möchten: Sie können die Engelzeichen verwenden. Diese Symbole schützen Sie und unterstützen Sie bei Ihren Vorhaben. Auch für die Selbstheilung der Seele und des Körpers können Sie die Engelzeichen einsetzen. Denn meiner Ansicht nach kann eine Krankheit viele Väter haben, ihre Mutter ist immer die Seele.

Versorgen Sie Ihre Seele mit den Zeichen des Engel-Alphabets. Jeder von uns hat Probleme zu meistern. Jeder von uns hat aber auch Engel, die ihn unterstützen. Allerdings fehlen uns oft die Worte oder Gefühle, wir suchen den Kontakt zur geistigen Engelwelt, finden ihn aber nicht gleich. Oft werden wir einfach nicht erhört. Doch jeder Mensch kann mit Engelzeichen arbeiten, die den Zugang zur geistigen Welt ermöglichen. Diese Zeichen zeigen uns, wie wir die richtigen Wege zur Selbstheilung finden.

Mit Engeln können Sie alle Ziele erreichen. Verwenden Sie das Wissen! Jedes Zeichen aus dem Engel-Alphabet bringt Sie Stück für Stück zu Ihren Vorhaben. Ob es um die Liebe oder um Ihre Familie geht, um Weiterkommen im Beruf oder um Sicherheit. Engel stehen Ihnen immer zur Seite und kommunizieren mit Ihrer Seele. Sie schützen Sie vor Angriffen, stärken Ihren Willen und bringen neue Erkenntnisse. Für mich wäre eine Welt ohne Engel unvollständig und grau. Engel sind Licht in unserem Dasein. Sie schenken uns Kraft und Zuversicht. Dieses Licht kann jeder durch die Engelzeichen tanken. Ich wünsche Ihnen viel Freude mit dem Engel-Alphabet!

Ihr Vadim Tschenze

SEMINARE AN DER VADIM TSCHENZE AKADEMIE

Eine Auswahl:

Russischer Schamanismus Heilseminare
Geistheilung und Blockadenlösung
Kartenlegen nach russischer und sibirischer Tradition
Moderne Karmalehre und Numerologie
Engelweisheiten, Traumarbeit und Kaffeesatzlesen
Spirituelle Geistheilung hautnah auf Teneriffa
Channeling
Vetucha Healing
Selbstheilung durch Kräfte der Natur und Kräuterwissen
Anti-Aging durch Kräuterlehre
Schamanische Aufstellung der Neuzeit
Auslandsseminare

Fordern Sie bitte das Gesamtverzeichnis an:

Vadim Tschenze Akademie
Konstanzerstrasse 37
CH-8274 Tägerwilen
Schweiz
Homepage: www.vadimtschenze.ch

Sollten Sie eine private Beratung wünschen, dann schreiben Sie gerne eine Mail an mein Sekretariat:
vadim@vadimtschenze.ch

LITERATURVERZEICHNIS

Bücher des Autors:

»Russisch-tibetische Honigmassage«, Videel 2001
»Das geheime Wissen – Einführung in die Welt der Esoterik«, Silberschnur 2006
»Orientalisches Wahrsagen – Kaffeesatzlesen«, Silberschnur 2007
»Geheimnisse der Liebesmagie«, Silberschnur 2008
»Übersinnliche Phänomene«, Silberschnur 2008
»Das alte russische Wissen«, Silberschnur 2009
»Die russische Kräuterheilkunde«, Aquamarin 2012
»Geheimnisse der Edelsteine«, Neuzeit Verlag, Tägerwilen 2013
»Vadims Methode«, Goldmann 2014
»Die Aura und die Haut«, V. Tschenze und K. Michel, Aquamarin 2015
»Vetucha-Heilung«, Goldmann Verlag 2016
»Wer war ich in meinem früheren Leben?«, Goldmann 2016
»Schamanischer Kalender«, Goldmann 2016
»Sex und Karma«, Goldmann 2017
»Heilenergetische Ernährung«, Goldmann 2017
»Meine 100 Seelenschützer«, Goldmann 2018
»Matrix-Wiederherstellung«, Goldmann 2020

Meditationen auf CD:

»Goldene Mitte: Verändere Dein Leben – Meditation zur Blockadenlösung bei karmischen Ursachen«
»Heilende Gebete für Liebe, Wohlbefinden, Geld und Blockadenlösung«
»Wasser aufladen: Heilende Töne für die Seele zum Wasseraufladen und für mehr Lebensqualität«
»Mystische Zahlenmeditation: Öffne und stärke dein Herzchakra«, Arkana 2017
»Meditation der fünf schamanischen Elemente: Erfülle deine Wünsche und finde Harmonie«, Arkana 2017
»Meditationen der Weiblichkeit: Erwecke deine ursprüngliche Liebe und Intuition«, Arkana 2017

Seminare auf DVD:

»Kartenlegen einfach gelernt, Seminar für Anfänger und Fortgeschrittene mit Vadim Tschenze – Basiskurs«
»Kartenlegen einfach gelernt, Seminar für Fortgeschrittene mit Vadim Tschenze – Aufbaukurs«
»Wohlfühlmassagen«
»Aberglaube, Magie, Wünsche und Heilung – Ein Vortrag mit Vadim Tschenze«

STICHWORTVERZEICHNIS

DIE ZEICHEN DES ENGEL-ALPHABETS ZUM AUSSCHNEIDEN

Die Buchstaben des Engel-Alphabets

A

B

C

D

E

F

G

H

I

J

K

L

M

N

O

P

Q

R

S

T

U

V

W

X

Y

Z

Die Engelzeichen von A bis Z

Abgrenzung

Absicherung

Abhängigkeit

Aggression abbauen

Akasha-Zeichen

Alte Verletzungen heilen

Akzeptanz

An sich glauben

Analysefähigkeit

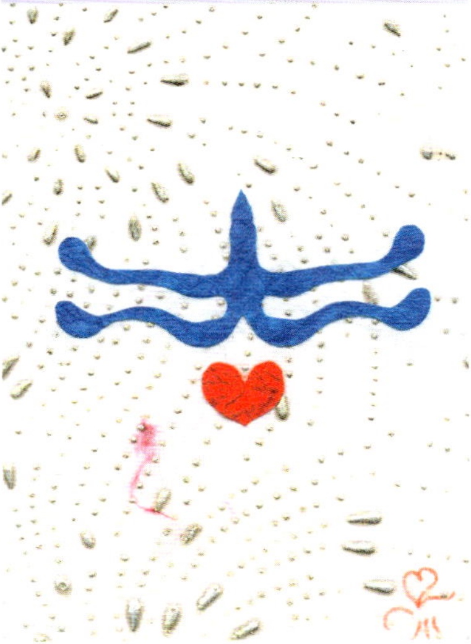

Anerkennung

Anderen guttun

Angst analysieren

Angst verarbeiten

Anti-Aging

Anpassungsfähigkeit

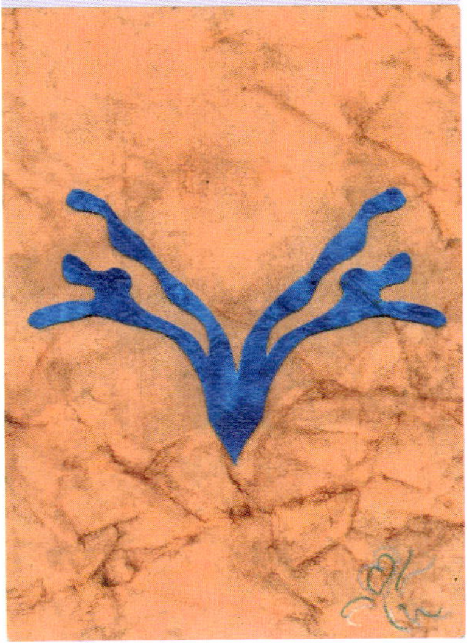

Anziehung

Aus dem Herzen heraus handeln

Ausprobieren

Ausgeglichenheit

Aussprechen lernen

Ausstrahlung

Barmherzigkeit

Balance

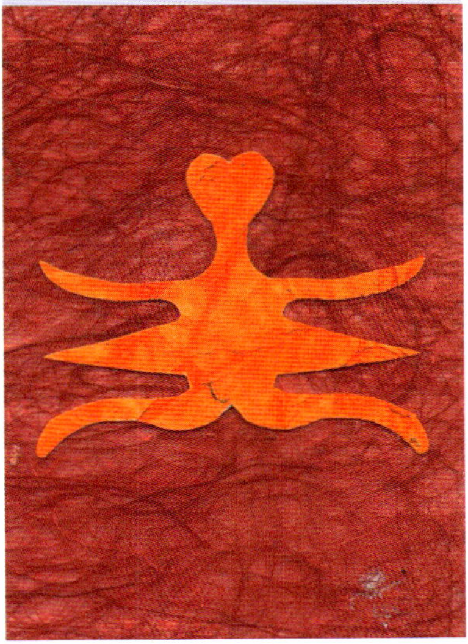

Befreiung von alten Mustern

Befreiung von Beeinflussung

Begeisterung

Befreiung von Sucht und Abhängigkeit

Begreifen lernen

Beruhigung

Bewegung

Beschleunigung

Beziehung retten

Bindung eingehen

Chakrastärkung

Chakrareinigung

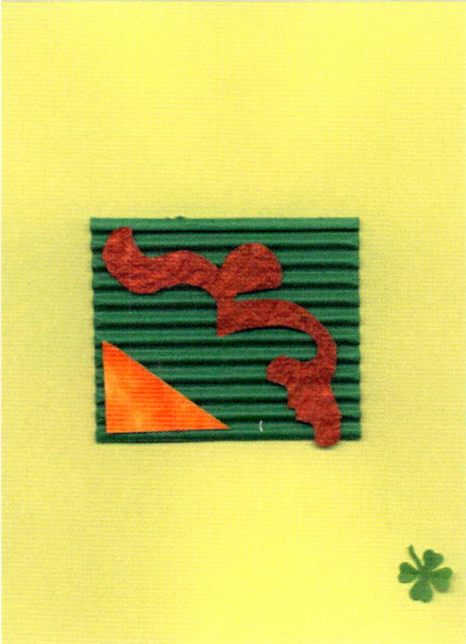

Chancen ergreifen

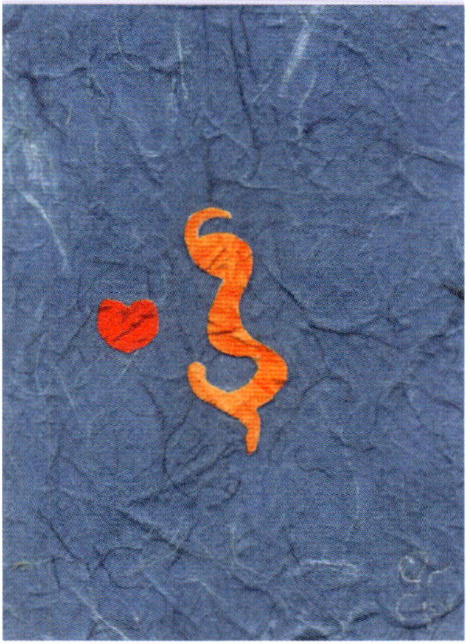

Channeln

Das alte Wissen aktivieren

Chaos ordnen

Das dritte Auge öffnen

Das Herz öffnen

Das Leben genießen

Das höhere Selbst

Das Leben organisieren

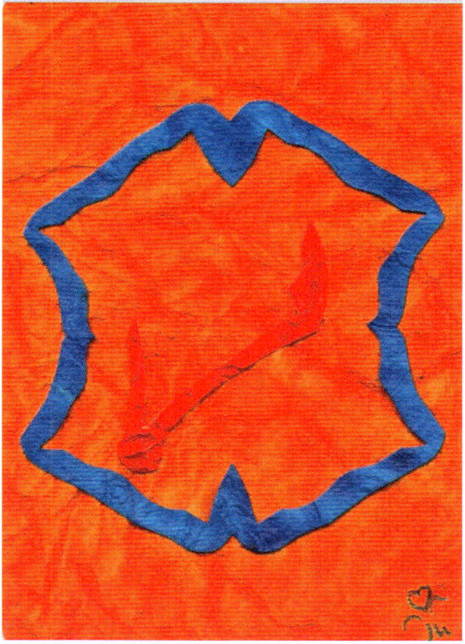

Denkfähigkeit aktivieren

Depressionen

Denkvermögen

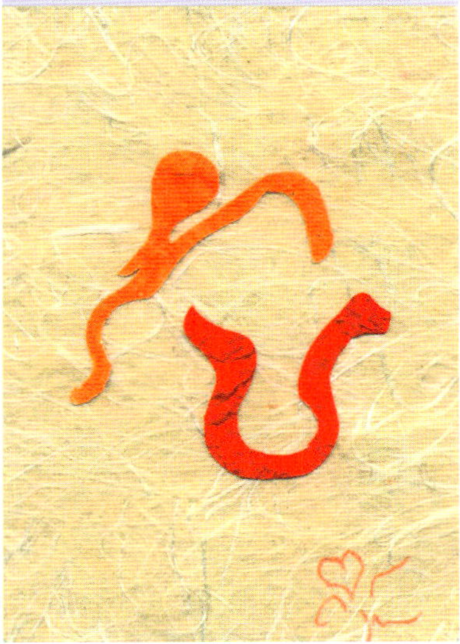

Details wahrnehmen

Die Welt entdecken

Disziplin

Diplomatie

Dominanz

Durchsetzungsvermögen

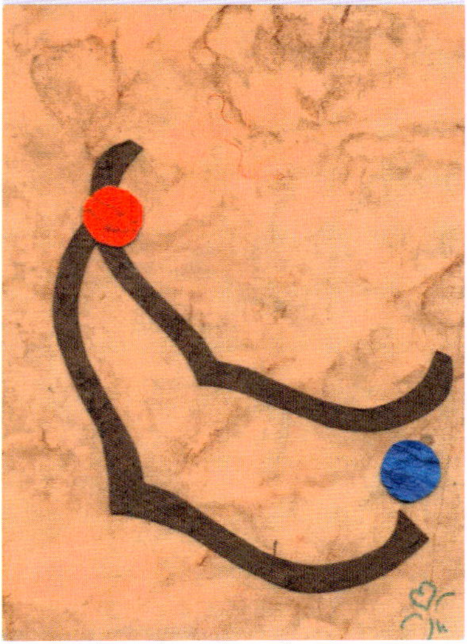

Egoismus abbauen

Ego stärken

Eigene Gaben entfalten

Ein guter Lehrer sein

Einzigartigkeit

Einsamkeit

Elan

Empathie

Empfindsamkeit

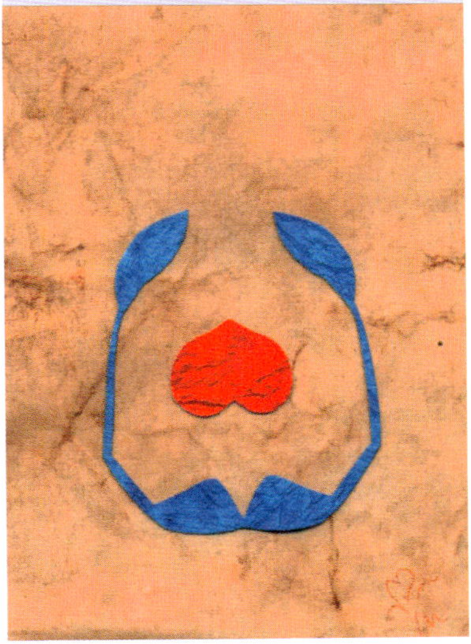

Empfängnis

Energie tanken

Energie übertragen

Energiearbeit

Energie verteilen

Engel befragen

Engel-Energien

Engelkontakte fördern

Engelkontakte aktivieren

Engel-Licht

Engelnamen erfahren

Engelstimmen hören

Engelschutz

Engelwissen

Entfaltung der Seele

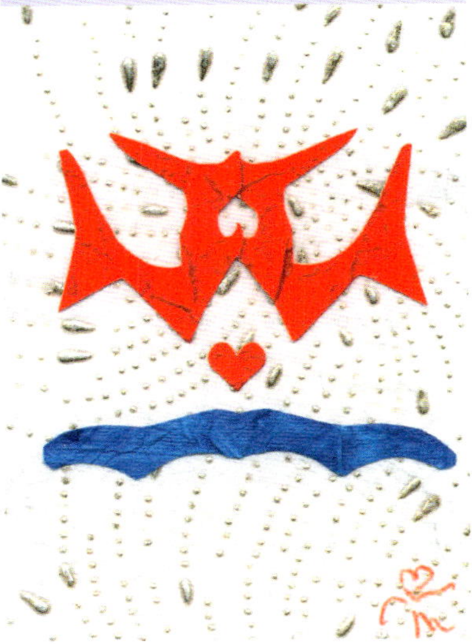

Entscheidungen treffen

Entscheiden lernen

Erfolg

Erkenntnisgewinn

Erwartungen erfüllen

Erkenntnisse des Universums

Ewiges Glück

Familienglück

Fantasie

Familiensinn

Feingefühl

Finanzen

Flugreisen

Flexibilität

Freude

Freundschaft

Führungsstärke

Frieden

Gedächtnis stärken

Geduld

Gefühle zulassen

Gefühle steuern

Gefühlswelt

Geistiges Wachstum

Geld und Güter

Gelassenheit und Stärke

Genesung von Körper und Seele

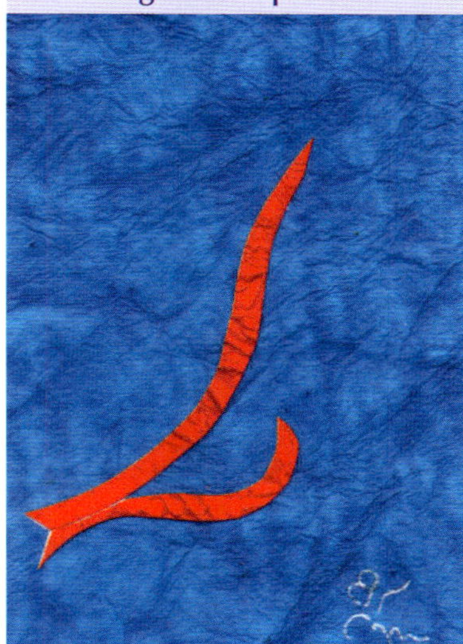

Gerechtigkeit

Gesundheit

Geschäftsbeziehungen

Gewinne anziehen

Glauben stärken

Gleichgültigkeit abbauen

Glauben wiederfinden

Glück und Segen

Gnade durch Engelschutz

Gott

Goldene Mitte finden

Grenzen setzen

Grenzen überwinden

Gutes Karma

Großzügigkeit

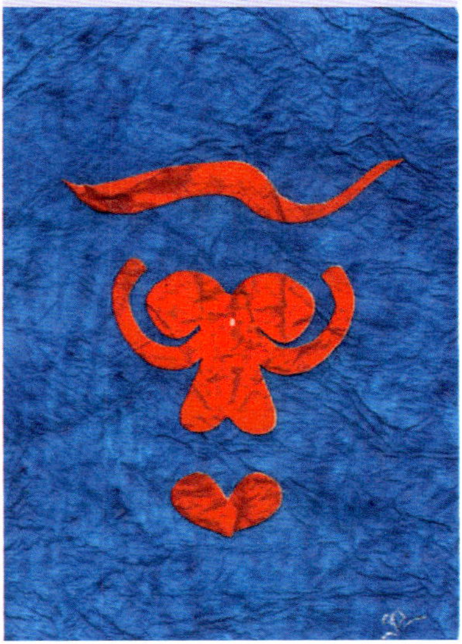

Harmonie

Harmonische Beziehung

Heilkraft aktivieren

Heilende Hände

Heilsame Schwingungen

Heilung

Hellsichtigkeit aktivieren

Heilung der Seele

Hellsichtigkeit stärken

Herzenswärme

Herzöffnung

Herzlichkeit

Hilfe

Hilfsbereitschaft

Hoffnung

Hintergründe erkennen

Horizont erweitern

Ich-Bewusstsein

Ideen

Ich-bezogener werden

Ideen kommunizieren

Illusionen abbauen

Initiative ergreifen

Informationen verarbeiten

Innere Kraft

Innere Ruhe

Innere Weisheit

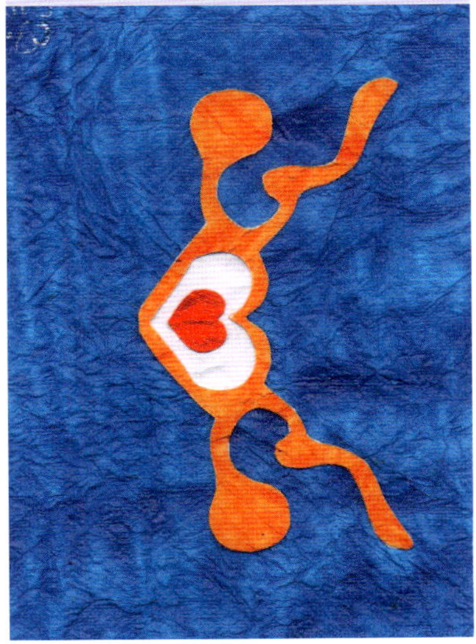

Innere Stimme

Innerer Reichtum

Inneres Kind

Intuitiver werden

Intuition

Jenseitskontakte

Karma bereinigen

Kind sein

Karma verstehen

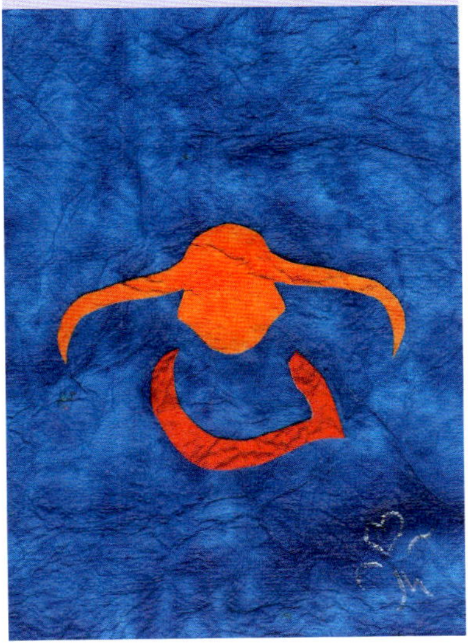

Klarheit

Klarsicht

Kontaktfreudigkeit

Klugheit

Kontaktpflege

Konzentration

Kosmischer Schutz

Körper stärken

Kräftigung

Kreativ sein

Kritik annehmen

Kreativität

Kritik üben

Kummer und Groll verarbeiten

Kunst

Kummer und Leid überwinden

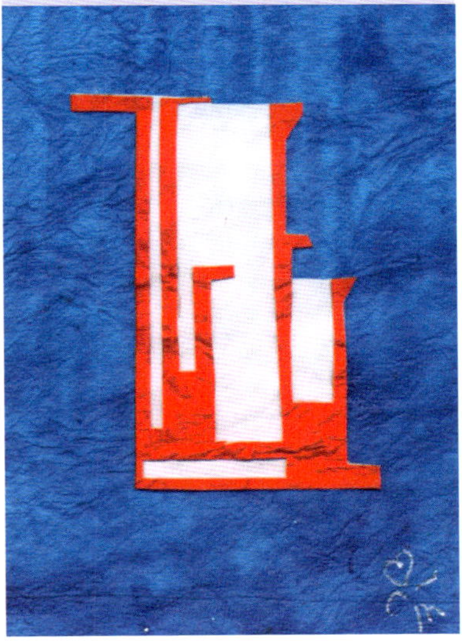

Lachen

Langeweile

Lebensfreude

Lebensaufgaben

Lebenslust

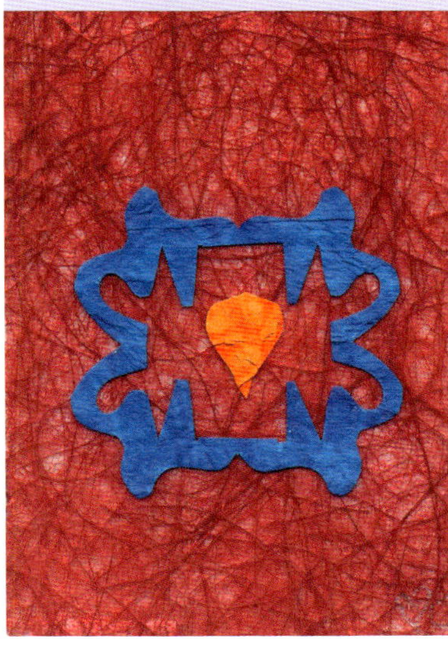

Lebensziele erkennen

Licht

Lernen und studieren

Lichtreinigung

Liebe heilt

Liebe zulassen

Liebe in die Welt senden

Liebe zum inneren Kind

Lieben lernen

Liebenswürdigkeit

Liebende

Liebevoll sein

Lockerheit

Lust

Loslassen

Magie und Heilung

Männlichkeit

Menschenkenntnis

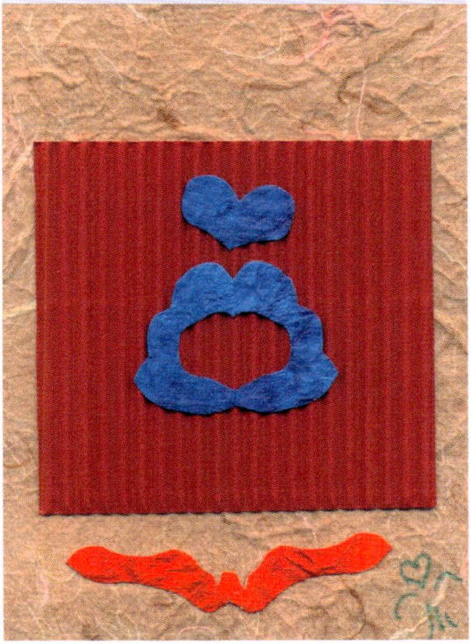

Mediale Fähigkeiten

Menschliche Nähe

Menschlichkeit

Minderwertigkeitskomplexe analysieren

Merkfähigkeit

Mitgefühl

Mitteilungen der geistigen Welt

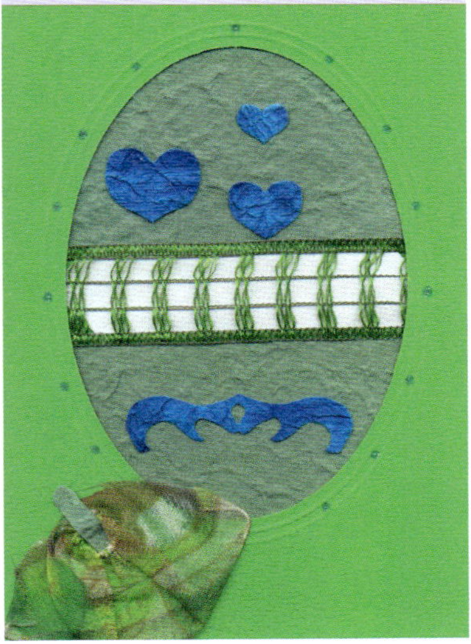

Mut

Mondenergie

Mutterliebe

Nachdenken

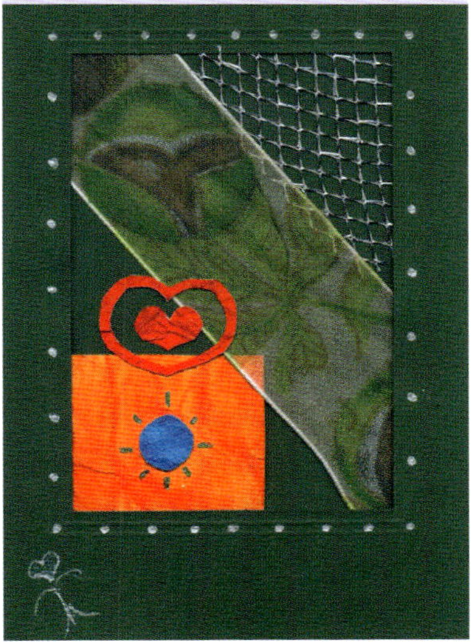

Neue Beziehung

Neuanfang

Neue Erkenntnisse

Neue Ideen verfolgen

Neue Wege erkennen

Neue Wege beschreiten

Neuer Lebensabschnitt

Neuorientierung

Opferbereitschaft

Öffnung des Herzens

Opferbereitschaft reduzieren

Optimismus

Partnerschaft

Ordnung schaffen

Pläne realisieren

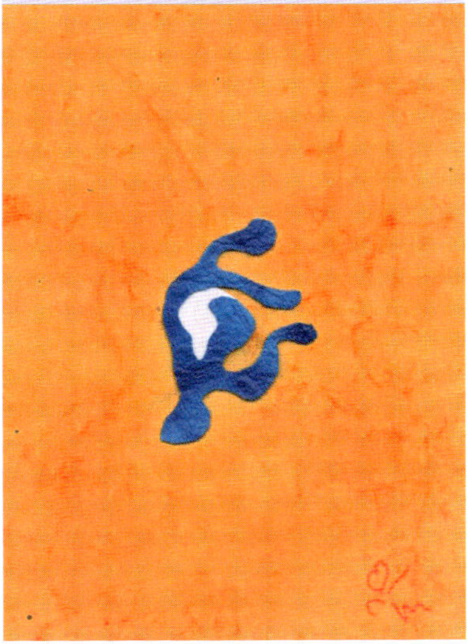

Pläne schmieden

Positive Wirkung

Positive Schwingungen

Positives Denken

Provokationen

Realität erkennen

Prüfungen

Reichtum

Rein sein

Reinigung und Schutz

Reinigung der Seele

Reisen

Richtig entscheiden

Rituale

Risiken

Romantik

Ruhe und Gelassenheit

Schmerz verarbeiten

Schamanismus

Schmerzen lindern

Schönheit

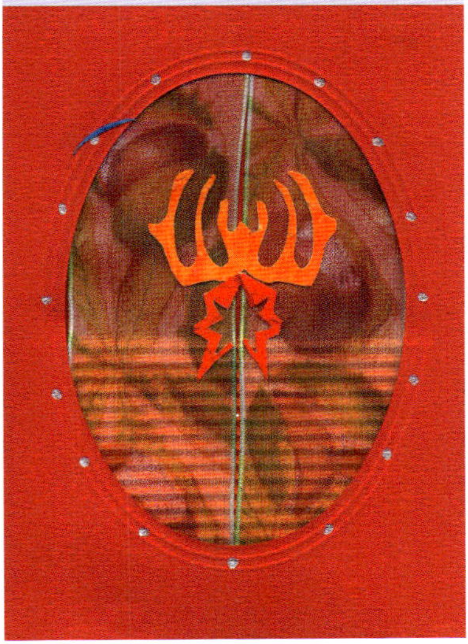

Schutz

Schuldgefühle auflösen

Schutz vor Magie

Schutz vor Neidern

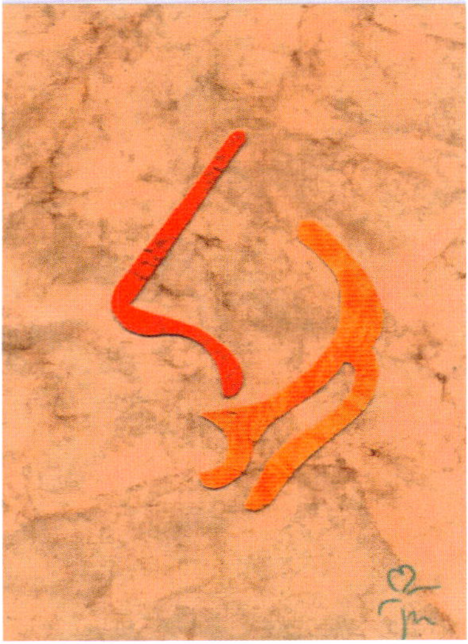

Schutzengel

Schützende Hand der Engel

Schwangerschaft

Seelenreinigung

Seelische Tiefe

Seelenschutz

Seelischer Ausgleich

Segen

Selbsterkenntnis

Selbstbild

Selbstheilung

Selbstliebe

Selbstständigkeit

Selbstlosigkeit

Selbstvertrauen

Selbstwertgefühl

Sich neu verlieben

Sich glücklich schätzen

Sich öffnen für die Engel

Sich selbst etwas Gutes tun

Sorgenminderung

Sicherheit

Spiritualität entwickeln

Spirituell handeln

Spontaneität

Spirituelle Führung

Stabilität

Standhaftigkeit

Taktgefühl

Stärke

Talente erkennen

Tatkraft

Transformation

Teamgeist

Trauer verarbeiten

Träume leben

Umdenken

Über den eigenen Schatten springen

Unabhängigkeit

Ungeduld

Universeller Schutz

Universelle Liebe

Unternehmungsgeist

Ursachen erkennen

Veränderung

Urvertrauen

Verantwortung

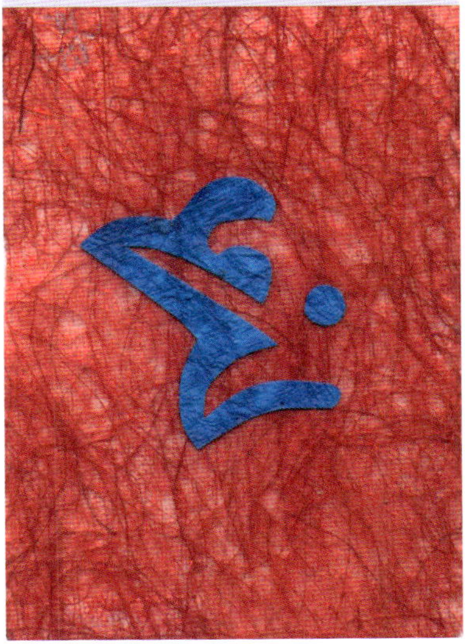

Vergebung

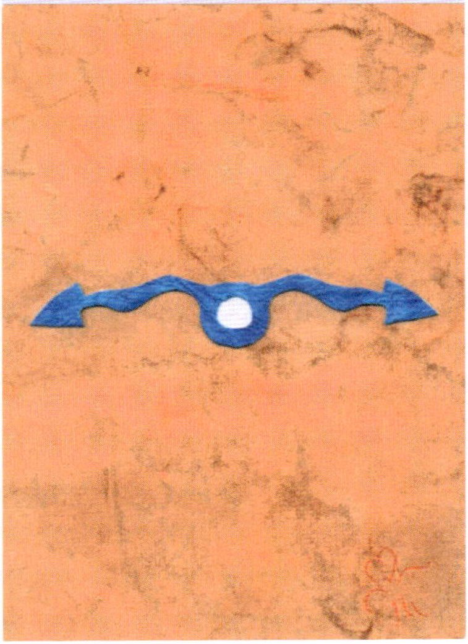

Verstand

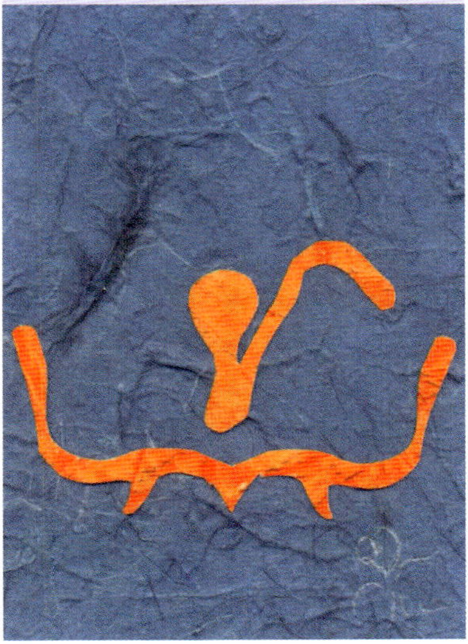

Vernunft

Verständnis

Vertrauen

Vorbereitung

Verzeihen

Wahre Freunde

Wahrnehmung schärfen

Weise entscheiden

Weiblichkeit

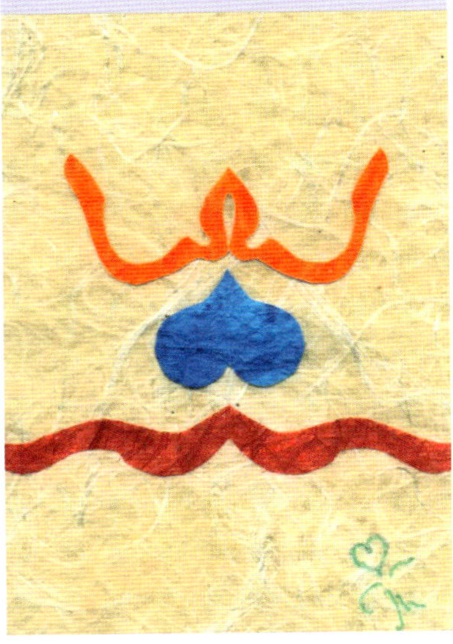

Weisheit

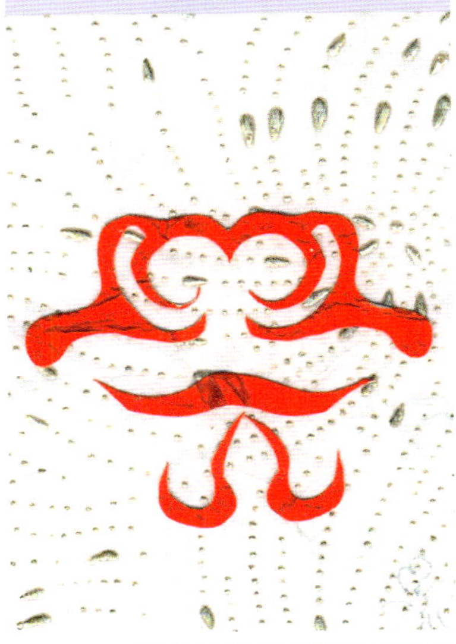

Weiterentwicklung

Wiedergeburt

Wertschätzung

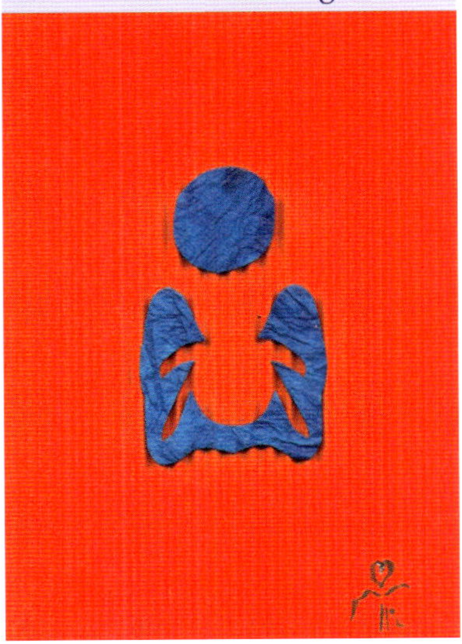

Willenskraft

Wohlstand

Wünsche

Wunder erleben

Zeichen des Lebens

Zeit gewinnen

Ziele erreichen

Zeitlosigkeit

Zufriedenheit

Zuhören lernen

Zur Ruhe kommen

Zulassen

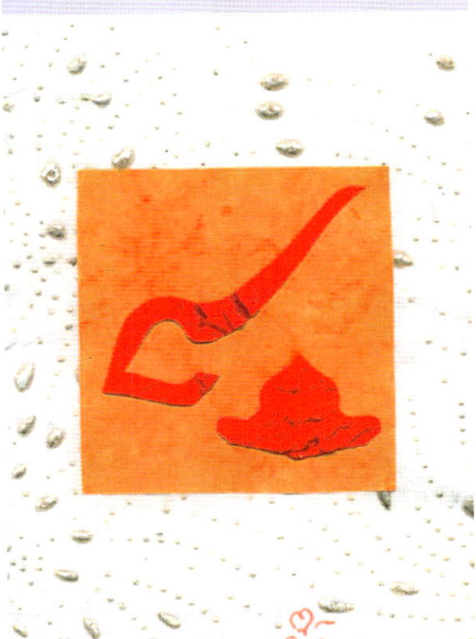

Zusammenarbeit

Zusammenhänge erkennen

Zwänge abbauen

Zuversicht

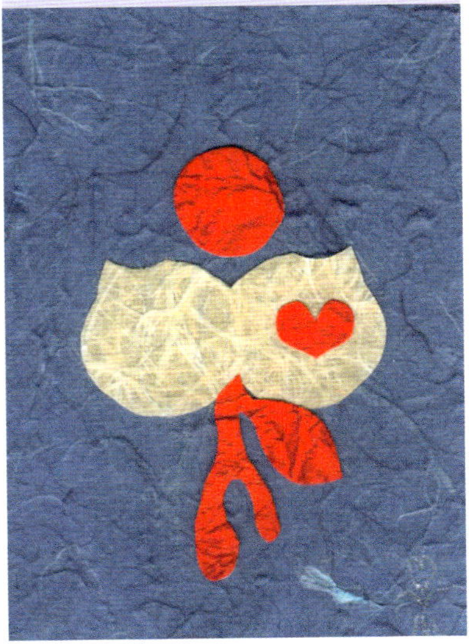

Zweifel ablegen

Zweisamkeit